U0931458
FONGHONG

Elon Musk

AUTOBIOGRAPHY

埃隆·马斯克传

这个星球不配我死

邱恒明　著

江苏凤凰文艺出版社
JIANGSU PHOENIX LITERATURE AND ART PUBLISHING

目录

Contents

3 特斯拉哲学

4 马斯克的启示

引言

底特律破产与特斯拉崛起

2013年7月18日,"汽车之城"底特律向美国联邦法院申请破产保护，这一消息震惊了全世界。自1908年福特T型车下线，过去的100多年时间里，底特律经历了从朝气蓬勃、引领世界到衰老萧条的无情变迁。这个曾经的美国工业中心和国家骄傲，曾代表着制造业的无上地位，正是汽油机的普及和大规模生产，将美国从一个农业国变成了车轮上的制造业强国。

如今，当变革车轮再次滚滚而来时，能够充当"白衣骑士"，拯救美国传统制造业的已不是福特、通用等老牌汽车企业，制造业的发动机也不再是底特律，而是转交到硅谷的创业家手中了。

特斯拉电动车公司抢得了耀眼的光辉。加利福尼亚州弗里蒙特市的特斯拉工厂就是在传统汽车公司基础上改建而来。这座建于1984年，占地相当于100多个足球场大小的建筑群，曾经是丰田公司与通用汽车的共同资产。2008年美国金融危机爆发，通用汽车宣布撤出，丰田公司也因为减产，不得不停止工厂的运转。最终，2010年特斯拉公司用4200万美元获得了价值 10 亿美元的整座工厂。特斯拉 CEO 马斯克随之宣布，第二代车型 Model S 将在这座工厂里生产，而此前特斯拉的第一代 Roadster 跑车是在硅谷门洛帕克的几间车库里打造的。

"汽油车实在太荒唐了，它既产生噪声又产生污染，简直就是一颗定时炸弹。" 特斯拉公司共同创始人、CEO 马斯克强调说。蒸汽机是老古董了，汽油机的未来也会一样，在马斯克眼里，电动车代表着未来。

相对于决策缓慢、老迈的传统汽车公司，诞生于硅谷的特斯拉从一开始就与众不同。"我们是一家硅谷公司。硅谷公司有着非常扁平的管理结构。比如我没有独立办公室，只有一张办公桌。" 马斯克的办公桌和其他员工的桌子挨在一起，处于最靠近生产线的位置。

马斯克接受采访时，总爱强调硅谷与底特律的行事方式有多么不同。他的办公桌上只有一台显示器和一座奖杯，奖杯是美国著名的汽车杂志 *Motor Trend* 颁发给特斯拉 Model S 的 "2013 年度汽车奖"。特斯拉的风光不仅限于得到几个奖杯，不仅是一些媒体的褒奖，它的股票在资本市场也得到疯狂追捧。2014 年 2 月，特斯拉的股价一度蹿升到了每股 265 美元，市值超过 300 亿美元。对一家成立 11 年，只生产和销售电动汽车以及零件的公司来说，股价一年内暴涨 619%，上市不到 4 年时间，市值翻了 15 倍，这本身即是传奇。

有人拿特斯拉与有着100多年历史的通用汽车作比较，二者在2013年的汽车销量分别为2.2万辆和971.5万辆，差距十分明显。但在股票市场上，特斯拉的市值比通用汽车公司市值的一半要多。这就是硅谷公司给世人的印象，要么它接管世界，要么短期内夭折，但它要揽尽光环。

虽然市值已超过300亿美元，特斯拉却仍然保持着一家创业公司的节奏和状态。在特斯拉内部，马斯克非常自然地把他在硅谷浸淫多年的硅谷哲学引入管理和经营当中。他多次在不同场合把特斯拉和其他汽车公司划清界限。

一面是底特律的破产，另一面是特斯拉2013年首次实现盈利，营收超过20亿美元。两组截然相反的态势，宣告着特斯拉接管汽车世界的可能。这点信息好像还不足够有冲击力，CEO埃隆·马斯克比特斯拉公司本身更为出名，他被追捧为神一般的创业人物，他对商业世界的冲击力和影响力，堪比苹果公司的创始人史蒂夫·乔布斯。

连续创业家吉姆·克拉克是硅谷20世纪八九十年代最闪耀的创业明星，他连续创建了三家市值超过10亿美元的公司，分别是硅谷图形公司、网景公司、永健公司，每家公司都引领产业潮流。美国描写资本的"桂冠诗人"、《说谎者的扑克牌》一书作者迈克尔·刘易斯封其为"把世界甩在身后"的人。21世纪前10年，埃隆·马斯克成为硅谷连续创业家的新版旗帜人物，他经常被提起的另一个称谓是〝下一个乔布斯〞。

马斯克造出了被称为全世界最好的电动汽车，与此同时还完成了私人公司发射火箭的壮举，以至于媒体介绍马斯克时总爱打趣说，世界上只有四个〝国家〞掌握了卫星发射和回收技术：美国、俄罗斯、中国和马斯克。再之前，他打造出世界上最大的网络支付平台。埃隆·马斯克是特斯拉汽车、SpaceX及 PayPal 三家公司的创始人，他远远地将世界甩在了身后。

1

为颠覆世界而生

21 岁移民美国，在斯坦福大学待了两天就辞职创业，先后开发在线内容出版软件“Zip2”、成立在线金融支付公司 X.com，从而赚得亿万家财。比起后来的成就，这些作为只算小打小闹，仅是马斯克改变世界的前奏。

商界新偶像

乔布斯之后，美国人并没有让人们等太久就捧出了硅谷的下一代巨星，他就是埃隆·马斯克。PayPal、SpaceX 和特斯拉电动车为他赢得了世界级声誉，他的每次创业都引爆新一轮的科技革命。

2014 年 6 月，马斯克度过了他的 43 岁生日，在 40 多年里，他成功地把自己从南非人变成美国人；成功地设计并卖出一款视频游戏（在他 12 岁时）；获得两个学士学位；参与设计并卖出网络时代第一个内容发布平台；担任美国最大的私人太阳能供应商 SolarCity 的董事长；参与创立和投资世界最大的网络支付平台 PayPal；参与设计能把飞行器送上空间站的新型火箭，且价格全世界最低；投资创立生产世界上第一辆能在 3 秒内从 0 加速到 60 英里的电动跑车的公司，并成功量产。最后三件事，任意一件放在普通人身上都是了不起的成就，而他在最近 15 年内悉数完成。马斯克是当今商业世界的新偶像。

很多科技达人、创业者已经拜倒在马斯克描绘的宏伟蓝图下，视其为乔布斯理所当然的接班人。乔布斯至少彻底变革了个人电脑、动画电影、音乐、平板电脑等产业，而马斯克在互联网金融、航天技术、新能源汽车三大领域有着极其不凡的成绩。仔细审视马斯克和乔布斯的简历，有不少相似之处。特斯拉汽车公司有着苹果公司的基因，马斯克有着乔布斯般的坏脾气，他们都有强大的现实扭曲力及坚韧不拔的精神。

当然，也有一些小细节方面的相同点。比如，他们的美国血统都来自母亲。乔布斯是被领养的私生子，父亲是来自叙利亚的留美学生，母亲是美国人。怀上乔布斯时，他母亲还是在校女研究生，因父母的极力反对，不能跟男助教奉子成婚。刚生下不到 10 个月，乔布斯就被送到了福利院，20 多年后母子才得以相认。戏剧化的是，小乔布斯被领养不到一年，领养他的这对年轻夫妇就结婚了，且还生下了一个女儿，乔布斯的妹妹后来成为知名的小说家。

埃隆·马斯克的身世没有那么坎坷，父亲是南非人，母亲是来自加拿大的美国人。依靠母亲的家庭关系，马斯克顺利拿到了加拿大护照后辗转到美国学习，后来与硅谷结缘。这才有了之后传奇的、震惊世界的美国创业故事。

马斯克 1971 年 6 月出生于种族隔离时代的南非比勒陀利亚。对盎格鲁—撒克逊裔南非白人来说，南非是一个有着浓厚创业文化和崇尚企业家精神的地方。马斯克家族有殖民开拓者的基因，他的祖父是一位从加拿大来到南非的探险家，曾一直从开普敦跑到阿尔及利亚的阿尔及尔，还是第一个驾驶单引擎飞机从南非飞到澳大利亚的人。马斯克喜欢从祖父那儿去追溯他的流浪者和冒险者本性，马斯克的妹妹托斯卡·马斯克曾说："我不想听起来显得例外，但我的家族确实与别人不一样，更愿冒险。"马斯克家族的人有很多后来都移民美国，马斯克几次创业也都有其兄弟助力：他的弟弟金巴尔是其第一次创业的网络公司 Zip2 的合伙人，也是特斯拉电动车的投资人之一；他的表兄林登·莱夫是太阳能光伏公司 SolarCity 的联合创始人。

马斯克从小家境富裕。他曾讲述说，做工程师的父亲带他去津巴布韦考察翡翠矿时，飞机上装满了用来讨好海关官员的巧克力。他的第一任妻子贾斯汀·马斯克讲述在加拿大安大略女王大学与他相识时，是这样描述的："他大我一个年级，出身于上流社会，外表整洁利落，说话带着一口南非腔。"

马斯克内心的不安可以追溯到他的童年。他的个子在南非白人中算比较矮的，还有点书呆子气。南非的白人文化崇尚男性气概，他在学校很受欺负。8 岁那年，父母离婚了，马斯克不停地转校，在七所学校辗转待过，从来没真正交上过朋友。他的母亲也说，在她的三个孩子中，她最不了解的就是马斯克。

马斯克与弟弟金巴尔的青少年时代没人管束，过得格外独立，他很享受这种状态。一次，他们一同骑车去约翰内斯堡，骑了大约 80 公里。马斯克说："我们以为自己知道怎么去那里，但实际上谁都没有地图，半道就迷路了，最后只得穿过一些非常危险的地区。” 马斯克还喜欢在家里自制炸药和小火箭。他说:“有那么多东西可以炸掉，真是太有意思了。很幸运，我的十个手指头都还在。”

少年时代的马斯克博览群书。弟弟金巴尔说:“他一天可以看完两本书。”马斯克在十二三岁时就感受到了一种存在主义危机，于是，他阅读了大量的哲学和宗教书籍。

当被问到哪本书曾给他带来抚慰时，马斯克会想到科幻小说《银河系漫游指南》。他说 :“这本书教会我，真正的难点在于想明白应该问什么样的问题，一旦你抓准了问题，剩下的就很容易解决了。” 他说 :“我得出一个结论，我们应该努力扩大人类意识的深度和广度，以便问出更好的问题。事实上，唯一有意义的事就是努力提高全人类的智慧。”

马斯克在 15 岁时认定，去美国可以帮助他加速自我实现的进程。他的母亲出生在加拿大，那里距离美国足够近了。马斯克获得了一本加拿大护照,买了张机票来到加拿大蒙特利尔，当时他身无分文，无家可归。在接下来的一年时间里，他经常事先连招呼都不打，就登门打扰加拿大远亲。他在农场里打零工度日，干些拾掇菜地、铲稻谷的农活，最不济的时候还给木材厂清洗过锅炉。马斯克回忆 :“干活儿时，我得穿上防护服，摇摇晃晃地穿过狭窄的通道，然后掏出一团热气腾腾、黏黏糊糊的东西，把它铲到洞口外面，等着别人把这团脏东西用独轮车推走。”

马斯克的父亲是个很严格的人。妹妹托斯卡回忆："在南非，每个白人家里都有仆人和保姆，但父亲让我们玩一种名叫'美国，美国'的游戏，让我们扮演美国孩子，要像美国小孩那样打扫房间、打理草坪，所有家务活都得自己做。"在很多采访中，马斯克说，他是通过沉浸在文学与计算机里来逃避童年的孤独的。少年马斯克最喜欢科幻小说，喜欢读儒勒·凡尔纳、罗伯特·海因莱因和J.R.R. 托尔金的书。罗伯特·海因莱因的小说里有一本叫《伽利略火箭》，书中的主人公参与了登月火箭的制造和航空计划。

在遥远的硅谷，许多极客也在童年时代读着同样的书，一起受到这些科幻小说家的感召，做着与马斯克相同的奇幻之梦，比如后来成立了火箭公司的微软联合创始人保罗·艾伦、亚马逊创始人杰夫·贝佐斯。

为逃避种族隔离政府的兵役，马斯克决定前往美国，他向往着能在美国干出点事情来。南非当时正处于政治转型过程中的动荡期，政府强力镇压黑人的自由民族运动，经济停滞，许多白人纷纷逃离。马斯克的妈妈是加拿大营养师，在去加拿大探亲时，马斯克决定不再回南非，他申请了安大略女王大学，留了下来。在加拿大，他在表兄的农场帮过工，在一家银行实习过，这是他唯一的工作经历。他的弟弟妹妹也陆续来到加拿大读书，很快取得了加拿大国籍。

1992 年，21 岁的马斯克从加拿大转学来到美国，在宾夕法尼亚大学攻读物理学和经济学。加拿大其实只是跳板，终极目的地是美国，马斯克后来回忆时，对此有个讨巧的解释："我觉得美国是一切皆有可能的地方。"

对不少人来说，来到美国就是一次成功，就是一次胜利。有"美国工业革命的奠基者"之称的塞缪尔·斯莱特脑子里装着纺织技术偷渡到美国，"钢铁大王"卡内基随着家人移居美国，从而改变了命运。现代商业史上，前往美国创下伟业的代表也不少，英特尔创始人安迪·格鲁夫、金融大佬索罗斯、谷歌联合创始人谢尔盖·布林等等。美国本就是一个移民组成的国度，在这些商业巨贾的起步阶段，美国是一切皆有可能的地方。

来到美国之前，在加拿大上大学期间，马斯克恋爱了。他热烈地追求美貌、富有诗意和反叛精神的贾斯汀。贾斯汀热爱科幻小说，是位有天赋的科幻作者。她回忆说："有一次，我们一起去书店，我指着书架说，'我希望有一天我自己的书也会摆在这个架子上。'埃隆的态度一本正经，好像颇为触动，他说：'你的灵魂中有一团烈焰，我在你身上看到了我自己的影子。'"到美国后，马斯克有时会回安大略，探望贾斯汀，给她送玫瑰。就这样他们恋爱了，结婚了，后来生了 5 个孩子，一次是双胞胎，一次是三胞胎，再之后他们又离婚了。

退学创业

与那些伟大的创业家一样，埃隆·马斯克也有退学创业的经历。马斯克在斯坦福大学的日子只有两天，之后，他就和合伙人一起踏入了互联网领域的创业征程。

依靠奖学金和自己的勤工俭学拿到宾尼法尼亚大学的双学士学位之后，马斯克 1995 年初来到斯坦福大学，打算攻读应用物理博士,研究方向是电动车的储能技术。学校在秋季开学，马斯克夏天就来到斯坦福大学所在的小城帕洛阿尔托，他想先找一份工作。当时互联网已经出现，但对潜在的程序员们来说还是僧多粥少，马斯克自信满满地前往如日中天的网景公司应聘，但因为缺乏资历，并未被录用。

1995 年正值美国互联网浪潮蓬勃开始的时期。

退学博士杨致远和大卫·费罗于 1995 年 3 月成立雅虎公司，仅一年之后，雅虎在纳斯达克上市，杨致远与费罗从穷学生摇身成为亿万富翁。雅虎公司的创业神话，开创了互联网创业新的篇章。

马克·安德森的创业故事是硅谷的典型案例。安德森是伊利诺伊州大学毕业生，当他在学校的“超级计算机中心”兼职时，和另一位工程师埃里克·比纳在地下室里工作了6个星期，写了9000行程序代码，创造了浏览器“马赛克”。1994年安德森毕业后带走了“马赛克”，来到硅谷建立了马赛克通信集团，但立即遭到母校的反对，因为母校认为这是属于学校的财产，并且不太同意出售它。争执的最后，马克·安德森同意不再使用“马赛克”这个名字，并且愤然地全部改写了它。

新浏览器的名字叫作“网景”。网景在1995年上市，是早期互联网领域的标志事件之一。上市当天，网景的股价从28美元上涨到75美元，创下了奇迹。网景上市让创始人马克·安德森和投资人吉姆·克拉克名声大噪，不过公司很快便陷入微软的狙击战中，并迅速败退。

当杨致远和安德森站在风口浪尖时，马斯克还是一个懵懂小青年，小心翼翼地保护着自己的创业理想。马斯克想创业，同时也给自己留了条后路。“我跟导师说想成立一家公司，但不一定能成功，如果不成功，能否再回来。他说当然没问题。于是我就暂停学业，创立了公司。”此时马斯克入学斯坦福仅仅两天。

退学创业本不值得大惊小怪，对马斯克来说，或许在更早的时候，他就已懵懵懂懂感知到未来是互联网的天下，且开始规划了自己的人生，来到斯坦福大学后只是加快了自己的决定。

退学之后，马斯克和弟弟一起为新闻机构开发在线内容出版软件“Zip2”，“Zip2”是美国第一家在线城市列表软件，该公司研发的在线内容推荐软件引起了很多大公司的关注。“当我弟弟和我一起创立 Zip2 的时候，我们没有购置任何房产作为工作的地方，而是在一间又小又普通的办公室里开始我们的事业，我们大部分时间都花费在那个小小的沙发上。我们互相讨论想法，当时我们只有一台电脑，白天需要用电脑运营网页，编码只能在晚上进行。我们每周 7 天每天 24 个小时几乎都在工作。当时我有一个女朋友，她为了跟我在一起不得不睡在办公室的沙发上。如果你要快速成立自己的公司，努力工作是必需的。”在一次大学生毕业典礼的演讲上，马斯克回忆起自己的第一次创业经历，他告诫说，如果你要做创业者，“自己要做一个很简单的数学计算，别人工作 50 个小时，但是你工作 100 个小时，你会比别人多干掉两倍的工作”。

1999 年，康柏公司以 3.07 亿美元现金和 3400 万美元股票期权对 Zip2 进行收购，这笔买卖让马斯克赚到了人生中的第一桶金，足有 2200 万美元之多，当年马斯克年仅 28 岁，因为酷爱跑车，他奖励了自己一辆当时最贵的跑车。不过康柏公司没有因为这笔交易赶上疾驰而过的互联网列车，它在自己个人电脑的主流阵地上败下阵来，后来于 2001 年被惠普公司收购。

退学创业是一个有趣的话题，尤其在高科技领域，似乎唯有退学创业才是酷事。世界首富比尔·盖茨大三退学创办了微软，史蒂夫·乔布斯大一退学创办了苹果公司，雅虎缔造者杨致远攻读博士期间退学创业，迈克尔·戴尔大一时退学创业，还有谷歌公司、Facebook、Twitter 等互联网巨头创始人都是退学创业的。

世界软件巨头甲骨文的创始人拉里·埃克森走了极端，他把退学创业当成了信条，在耶鲁大学的一次演讲会上，他直白地告诉台下学生说：你们都是失败的优等生，"一顶帽子一套学位服必然要让你沦落……就像这里的保安马上要把我从讲台上撵走一样必然……" 话音未落，保安就把他带离了演讲现场……

依靠第一次创业所得，马斯克于 1999 年成立了一家在线金融支付公司 X.com，同一时期，由彼得·泰尔和麦克斯·拉夫琴共同创办的 Confinity 公司推出了在线支付产品 PayPal。2001 年，马斯克的 X.com 公司与 Confinity 公司完成合并，应发展战略需要，新公司以"PayPal" 命名。两家公司合并后，规模得到壮大，新公司于 2002 年 2 月在纳斯达克上市，在 PayPal 上市 5 个月之后，eBay 以 15 亿美元的价格将 PayPal 公司直接收购，大致溢价 8%。作为最大个人股东，马斯克持有的 11.7% 的股份让他在这次交易中获得了 3.28 亿美元。马斯克的第二次创业又以售出作为结局。

有意思的是，硅谷亿万富翁彼得·泰尔，这位 PayPal 创始人、Facebook 天使投资人也是支持退学创业的狂热分子，并积极地表现到行动上。

2013 年 5 月，泰尔发起 10 万美元奖学金活动，不是要鼓励学生读书，而是要求受资助的青年在两年内都不能念大学，而要专注于创业。泰尔强调说，有才华的年轻人不应该浪费四年在大学，希望学生放弃读大学，将理想直接付诸社会实践。这个奖学金项目要选出 20 位 20 岁以下的优秀学子，每人颁发 10 万美元创业金。

2013 年，又一批共 20 位获得这笔奖学金的创业青年名单及项目出炉，其中有专注于安全计算机架构方面的创业项目、科技协助医疗的项目、在线教育项目、通过技术来解决诉讼过度的项目等。这 20 位创业青年来自美国、英国、德国、印度、中国、加拿大以及新加坡七个国家，一位名叫陈欣怡的北京女孩是唯一一位来自中国的幸运儿，她创办了消费机器人公司。

不过，彼得 · 泰尔自己并不是退学创业的样本。他出身于中产阶级，并持有斯坦福法学院的学位，创办 PayPal 之前，他曾经就职于美国上流阶层的纽约律师所，还在华尔街投资银行工作过。

硅谷前传

退学创业永远不会成为创业人群的主流形态，但是硅谷的创业精神却得以代代相传。马斯克后来一系列的创业活动，多少都是硅谷创业精神的感召。

eBay 收购 PayPal 可是笔划算的生意，PayPal 在网络经济中的重要地位愈加凸显。2014 年初，eBay 估值 900 亿美元，其中 PayPal 占 400 亿美元之多。马斯克呼吁说 PayPal 应该从 eBay 独立出来，他认为，独立之后发展潜力更大，有冲 1000 亿美元的可能。PayPal 开创了互联网金融的先河，作为共同创始人的马斯克，还担任过 PayPal 公司一段时间的总裁，慢慢地成为了硅谷的知名人士。不过，马斯克并不能算 PayPal 公司的核心人物，拉夫琴和彼得 · 泰尔排在他的前面。

后来，马斯克用互联网的方式改变了传统的汽车行业，用对产品的精致追求、技术完美至上的信念和商业的务实精神，推进了民营火箭公司的发展，这些都要归功于硅谷精神对马斯克潜移默化的影响。硅谷创业从 20 世纪 60 年代逐渐成为风潮，一直延续至今，是全球高科技的象征。先前的两次创业及担任合并后的 PayPal 公司的总裁，让马斯克汲取到硅谷的营养。

马斯克的父亲是电子和机械工程师，这让马斯克自小就受到技术熏陶。马斯克的成长历程，符合硅谷式创业家的典型经历。12 岁时，他就已经展露出电脑编程的才华，以 500 美元卖出了一个自己编制的游戏程序。“我那时没有什么宏伟计划，”马斯克回忆说，“我开始编程是因为喜欢玩电脑游戏——我玩了很多游戏。然后我知道如果写软件并且能卖出去的话，我就能有钱买更好的电脑了。”

马斯克很自然喜欢上了美国硅谷。“硅谷那时对我就像是奥林匹斯山一样的神话之地。”

简要追溯硅谷的历史，回顾 PayPal 的创办及发展历程，能帮助我们更好地理解马斯克的创业哲学。

硅谷作为科技创新的基地，其实早在用硅作为基础原料之前就存在相当长的历史，从 20 世纪 30 年代开始，硅谷就是美国海军的研发基地。“二战”结束后，美国大学回流的学生突然增加，斯坦福大学采纳教授弗里德里克 · 特曼的建议，开辟工业园，允许高科技公司租用基地作为办公用地，从此拉开了这个科技产业中心向前奔跑的崭新篇章。

再之前，硅谷也是美国无线电发展的重要基点。

回顾过往，无线电的发展使硅谷第一次繁荣，斯坦福大学也为无线电领域的相关创业输出了众多创业人才。因无线电入门成本低、技术简单，吸引了广大初入门的新手和技术方面的业余爱好者。和网络风暴时代相同，那个时代展现了丰富多彩的人生梦想，业余无线电从开始发展就产生了很多特立独行、不切实际的家伙，人们期待着灵感突发、一夜暴富。

与特曼、瓦里安、惠普公司创始人休利特和帕卡德这些无线电的发烧友相比，20 世纪初，西里尔·艾尔维尔才是最著名的创业明星，是这些未来创业大家的偶像，他掀起了无线电热潮，他同样毕业于斯坦福大学。

1909 年，刚从斯坦福大学毕业的大学生艾尔维尔，试着向距离帕洛阿尔托市 5 英里的洛斯阿尔托斯和山景城的听众播放《蓝色多瑙河》。不多久之后，艾尔维尔在时任斯坦福校长戴维·乔登及一些教授的资助下，在帕洛阿尔托成立了自己的公司——帕尔森无线电话电报公司，两年后成为美国最大的无线电报公司之一，并随之更名为“联邦电报公司”。

每一家了不起的高科技公司，都会产生许多了不起的人物，或者反过来说，正因为同一家公司培育了许多影响整个产业的人物，它也就成为这个产业的缔造者。虽然联邦电报公司在此后的竞争中败北，于 1931 年被马可尼公司收购，但是，联邦电报公司已经在斯坦福和全球范围内留下了自己的印记，它无疑是无线电产业的缔造者之一。它影响着当时已经长大成人的弗里德里克·特曼、在校大学生戴维·帕卡德和比尔·休利特，以及后来的“晶体管之父”威廉·肖克利等硅谷奇人。

肖克利在帕洛阿尔托市长大，这位晶体管的发明者、硅谷兴盛初期最响当当的人物，在联邦电报公司成立之时还只是一个十来岁的孩子。那个时代，李·德·福雷斯特是最知名的传奇人物。联邦电报公司创立之时，李·德·福雷斯特宣布加盟，出任研究总监一职。加盟之前，他因发明了第一个真空管——三极管，在高科技领域已名声赫赫，三极管是他一生 300 多件专利发明中的第一项发明。

1911—1913 年间，福雷斯特领导他的团队在联邦电报公司设计了第一款真空管扬声器与振荡器，这宣告了电子时代的诞生。他们首次实现了在不需要机械开关的情况下调整电流，福雷斯特的尝试促进了后来无线电通信、长途电话、雷达以及电视的发展。直到 40 年后，晶体管的发明才让真空管扬声器相形失色。

电子管的诞生为广播、通信、电视、计算机等技术的发展铺平了道路，工业史从此跨进了电子的纪元。不过电子管的缺点同样明显：体积大、功耗大、寿命短、结构脆弱等。这一切反过来又制约了电子技术的进一步发展。电子工业界在呼唤电子管的终结者。

真空管技术的不断升级换代，最终迎来了颠覆性的创新产品——晶体管。

晶体管的绝妙之处在于用微小而反应灵敏的电晶体式设计

取代了高温易碎、能量损耗大、速度慢的真空管，而原材料只是大自然中最常见的硅、氧和铜。晶体管促成了几代电子产品和电子仪器的更新，而电子产品和电子仪器构成了 20 世纪 50 年代最热门的新兴产业。肖克利被称为晶体管之父，他也是最为知名的商业创新者及失败者。

1955 年，肖克利返回帕洛阿尔托建立自己的公司——肖克利半导体实验室。肖克利的公司是硅谷第一家真正的半导体公司。他从东部召来了 8 位优秀青年，人称“肖克利八杰”，包括诺伊斯、摩尔、斯波克、雷蒙德等人，后来“肖克利八杰”于 1957 年集体跳槽，于是这个群体被改称为“八叛将”。在工业家谢尔曼·费尔柴尔德的资助下，他们创立了仙童半导体公司。

1967 年，成立 10 年的仙童半导体的营业额已达 1.96 亿美元，此时正是硅谷形成的早期。现代硅谷的形成恰是因为仙童半导体公司在管理上出了不小的问题，母公司断然拒绝仙童半导体公司的员工参与分享他们创造的巨额利润，这样一来，在不到 10 年的时间，仙童半导体公司的各个部门都遭遇了严重的人才流失。几年后，仙童半导体离职员工创立的公司多达几百家，多数都位于硅谷，而且芯片公司居多。记者唐·赫夫勒发表了一系列文章，用“硅谷”来表述他所观察到的创业公司集聚地，后来“硅谷”这一名字就沿用了下来。

PayPal 黑帮

硅谷的创业风气从肖克利半导体公司开始，逐渐根深蒂固，在这片以斯坦福工业园为核心的谷地上，有不少创业者选择在自己的车库中起步，并创下辉煌的事业。

自惠普的创始人为硅谷带来了第一个“神圣的创业车库”之后，高科技创业偶像们都是从车库开始了他们的公司：乔布斯在车库里创立了苹果公司，雅虎的创办人杨致远与大卫·费罗在斯坦福大学的一个小车库起家，亚马逊公司的创始人贝佐斯最早的创业也是在车库。

那年，从美国太阳微公司联合创始人安迪·贝克托斯海姆手中筹得 10 万美元投资之后，拉里·佩奇和谢尔盖·布林在加州的一个车库里创立了搜索引擎谷歌，走出了这个互联网巨头的第一步。

至 1998 年，怀揣着创业梦的拉夫琴和彼得·泰尔在靠近斯坦福大学的一家餐馆首次会面，虽然并不是非要从车库起步，但也打算从零开始开创属于自己的事业。当时拉夫琴奔赴硅谷四处寻找创业机会，正经营着一家对冲基金的泰尔则有意投资。于是双方一拍即合，决定共同创业，便有了后来的 PayPal 公司。

YouTube 创始人、PayPal 早期员工、硅谷华裔创业家陈士骏介绍说，PayPal 是他的学长麦克斯·拉夫琴创立的网上支付公司。其创业方向几经变迁，最开始是帮助使用 Palm 手机的用户相互之间完成转账；后来，其业务延伸到互联网上，使得人们可以在网上建立账户、转移资金，取代了传统的邮寄支票或者汇款的方法。

PayPal 有着浓厚的硅谷气息。曾任首席运营官的大卫·萨克斯评论说，PayPal 从不提倡“推崇管理层”的风气，即使在接受媒体采访时他也公开表示 :“在 PayPal，衡量一名员工地位的依据并不是他管理多少人，而是多少人可以阻止他干自己想干的事情。”

2002 年，eBay 收购 PayPal 不久，PayPal 的重要员工陆续从 eBay 离职。不过，他们仍然保持着密切联系和聚会，这些人多数后来成为了称雄硅谷的创业人才，因为他们巨大的影响力，被媒体冠以“PayPal 黑帮”称号。

彼得·泰尔排在第一位，被视为领军人物。离开 eBay 后，泰尔创办了一家名为 Clarium 的对冲基金，以及名为 Founders Fund 的风险投资公司。泰尔本人是 Facebook 的早期投资人之一，他当年对 Facebook 投资 50 万美元获得了 10% 的股份，如今这些股份的价值已达到数十亿美元。有硅谷“人脉之王”称号的里德·霍夫曼排在第二位，霍夫曼是 PayPal 创建之初董事会董事之一。在 PayPal 被出售之后，霍夫曼创建了 LinkedIn。LinkedIn 于 2011 年年初上市，让霍夫曼进入了“十亿美元俱乐部”的行列。霍夫曼目前是硅谷最成功的天使投资人之一，他投资的公司包括了社交游戏公司 Zynga、Last.fm 以及社交网站 Tagged。

埃隆·马斯克排在第三位，随着后来创办的 SpaceX 及特斯拉公司获得巨大成功，他的声誉大有盖过前二者的势头。

其他“PayPal 黑帮”成员还包括首批工程师之一的罗素·西蒙斯，他后来创立了 Yelp，是美国最大的点评网站。

查德·赫利也是个人物，他是 PayPal 早期唯一的设计师，毕业于印第安纳大学美术系，临近大学毕业的时候，看到 PayPal 杂志的招聘广告。在面试中，查德被要求为 PayPal 设计一个公司标志，而他面试时的设计被 PayPal 采用并一直沿用。

PayPal 最终以 15 亿美元售出，让早期员工发了一笔大财，都成了百万富翁。早期员工不仅有钱了，还建立起自己的朋友圈，在硅谷扎下根来。查德尤其幸运，他在一次晚会上遇到了凯西·克拉克，他们相爱并且最终结婚了，凯西的父亲就是大名鼎鼎的吉姆·克拉克，硅谷图形公司、网景公司等三家 10 亿美元级公司的创始人，是硅谷连续创业家的代表人物。

YouTube 的创始人陈士骏也是“PayPal 黑帮”的一员。陈士骏 1978 年 8 月出生于中国台湾，祖籍上海，100 年前，他的曾祖父被当时的清政府派往美国康奈尔大学留学 4 年。曾祖父有 5 个孩子，除了他父亲去了台湾，剩下的都还在上海。1986 年，陈士骏全家搬迁到美国，也就是说陈士骏从 8 岁起，在美国伊利诺伊州生活了 12 年，然后又搬到加利福尼亚州，此后一直在硅谷。

陈士骏在伊利诺伊大学香槟分校的最后一个学期中，急不可待地辍学就业，加盟 PayPal。2005 年，他离开 PayPal 创办了 YouTube。YouTube 雇用的前 10 名工程师都是从 PayPal 出来的。

以“善良的硅谷亿万富豪”而闻名，正在回归学者身份的霍夫曼写了几本书，其中一部名叫《你也可以创业》。“你天生就是创业家，”霍夫曼总喜欢这样鼓励年轻的、有着创业梦想的人，接着他会话锋一转，“这并不意味着我们每个人都应该创立自己的公司。”但是，他敦促我们要像那些善于响应变革的大师管理初创公司一样机敏地管理自己的职业生涯。

PayPal 是创业者的摇篮，哺育出如此众多的创业者和投资人，可以和谷歌、微软、甲骨文等巨型公司媲美。让人称奇的是，PayPal 在 2001 年首次提交招股说明书时，仅仅有 600 多名员工，在被 eBay 并购前，这家上市公司发布的最后一份季度报告中，营收仅有 5000 万美元。

一家小规模的公司在硅谷产生出了称得上“PayPal效应”的创业群，原因还要追溯到PayPal早期的招聘阶段。

Yammer创始人、曾任PayPal首席运营官的大卫·萨克斯总结了PayPal的哲学：首先，他们从不聘请专业的招聘或猎头公司去招聘员工，而是采取一种病毒似的招聘模式，利用员工人脉网络进行招聘。因此他们吸收的成员都和创始人一样具备创业的激情和智慧。

其次，他们从来不信奉什么创业禁忌，而是把试错当作积累经验的过程。出错越多，也就越可能接近成功。另外，坚持留用有远见的创始人而不是去聘请“专业”经理人。

世界级风险投资公司红杉资本的执行合伙人、曾经担任PayPal首席财务官的罗洛夫·博沙简单总结说：“PayPal与谷歌的最大不同在于，谷歌希望招聘博士，而PayPal则希望招聘那些放弃博士学位的人，虽然谷歌的两位创始人都属于放弃博士学位的人。这是两种完全不同的气质。”

马斯克和他所创立的X.com公司的员工还是与PayPal有不少差别的，甚至代表了不同的企业文化。两家公司组成新的PayPal公司后，X.com公司的员工大多数选择了离职，而没过多久作为新PayPal公司CEO的马斯克也被赶了出来。不过马斯克和“PayPal黑帮”的人，代表着硅谷那帮创业瘾君子，他们即使已经赚了上亿的钱，家里的房间多得数不过来，还是会回到硅谷，在小城租下一间狭窄的办公室，然后绞尽脑汁地工作，每周工作接近 100 个小时。或者是，即使身患病痛，也要坚持到底，珍惜人生时光。这就是硅谷创业精神的精髓，正是这些“疯子”的努力，最终成就了硅谷这个全世界的创业中心。

太空旅行：超级企业家的超级思维

相比较而言，马斯克在 PayPal 公司不是绝对的核心，而且他是以投资人的身份进入特斯拉公司并最终通过权力斗争获得绝对掌控权的。只有 SpaceX 公司是马斯克不折不扣从零开始创办的公司。

真正让马斯克的名声开始享誉全球的事件，不是特斯拉汽车 2013 年第一季度首次盈利，而是他创办的火箭公司 SpaceX 2013 年初成功发射并回收可重复利用的火箭。

马斯克在出售 PayPal 公司这笔生意上赚了一大笔钱，对大多数人而言，32 岁即拥有亿万家财，尽早退休是不二之选，但如果人人都这么想，那世界就要停止前进了。显然马斯克不是愿意坐享其成的人，他要拽着这个世界前进。于是，他从“第一桶金”中拿出了 1 亿美元创办了 SpaceX（Space Exploration Technologies）公司，主营具备可重复使用技术的火箭业务。“太空旅行”是超级企业家“超级思维”的一部分，其中包含了对未来科技的种种追寻和探索，而这也是令世界前行的永恒动力。2001 年，美国企业家丹尼斯·蒂托成为第一名私人太空游客，由此打破了美俄两国垄断太空探险近半个世纪的格局。蒂托是名高科技专才，拥有资产高达 100 亿美元的美国威尔希尔集团公司。1957 年,少年蒂托看到苏联发射“斯普特巴克”号地球卫星相关报道之后，就立志要到太空去。2001 年，60 岁的他完成了心愿。

2007 年 4 月 7 日，第五位太空游客查尔斯 · 西蒙尼展开了 13 天的太空之旅。西蒙尼曾任微软公司的产品开发主任,是微软的早期员工之一，曾在十多年间主持微软办公室软件各个部件程序的开发工作，有“Word 之父”的称号，其丰厚家底使他足以支付超过 2500 万美元的太空旅行费用。

尽管有蒂托、西蒙尼等人的尝试，到目前为止，商业太空旅游仍只是极少人的游戏，多数人的太空梦不是局限于不切实际的幻想，就是止步于高昂的太空旅行费。不过，有一些人正打算改变这一切。

亚马逊创始人杰夫 · 贝佐斯就是一位这样的人物。除了创建全球最大的电子商务公司亚马逊外，他还成立了一家专门从事太空科学研发的企业，目标是建造出新型的太空飞船，他要“为人类向太空移民提供廉价便捷的工具”。贝佐斯的太空梦渊源可追溯到他的少年时代。那时，贝佐斯领着一群朋友，把废弃在学校走廊里的一台电传打字机与电脑连接起来。他们自学编制程序，在主机上开发了最早的《星际迷航》游戏，并花费了大量时间来玩这款游戏。

《星际迷航》安装在休斯敦贝佐斯的家里，放学后可经常玩上一把。母亲杰姬说："我们都是《星际迷航》迷，杰夫经常引用电影里的台词，他都着迷了。"这项计划也使他探索宇宙的痴心开始生根发芽。贝佐斯的外祖父退休前在美国原子能委员会工作，这是一家高级研究工程处。外祖父吉斯时常对他讲火箭、导弹以及未来神秘外太空探索的故事，这更加激发了他的好奇心。

2000年，当满世界的人们都对亚马逊的未来前景担忧时，贝佐斯秘密地在西雅图创立了一家蓝色起源（Blue Origin）太空公司。贝佐斯坚信终有一天会遨游太空，这是他人生的一个梦想。

在民间太空明星中，英国超级富豪、维珍品牌创始人理查德·布兰森是资格最老、出名时间最长的一位。他用一贯高调的方式演绎了"太空大亨"的概念，1999年3月，布兰森注册了维珍银行航空公司，他承诺数年后将推出商业太空航线，这一切都是为了"令普通人的太空之旅梦想成真"。2004年，布兰森与微软共同创始人保罗·艾伦合作，从打造一艘可搭乘6名乘客的太空船飞行模拟器起步，逐步靠近梦想。而美国经济型酒店业大亨罗伯特·毕格罗则准备将廉价旅馆开到太空上去。

2013年中国"两会"期间的一次企业家聚会上，就"我的梦"这一主题，吉利汽车创始人李书福坦言，自己较为长远的关注焦点在如何利用外太空资源，“我们真正需要研究的是，人如何持续快乐、幸福地生存和发展，研究应该有两个重点。第一个重点是如何有效利用外太空的资源，这个就跟火箭、宇宙飞船有关系，地球是一个有限空间，多发现几个‘地球’，资源不就够用了嘛。第二个重点是如何延长人类的寿命。”汽车狂人李书福也有一个熊熊燃烧的太空梦。

这些有着“超级梦想”的企业家个个身家非凡，并且勇气热情俱佳，但目前来说，最靠谱的当属埃隆·马斯克，他已走出了好奇、设想的阶段，所创公司已取得让世界称奇的成绩。2013 年之后，美国媒体介绍马斯克时总喜欢打趣说，“世界上只有四个国家掌握了卫星发射和回收技术，它们是美国、俄罗斯、中国和埃隆·马斯克。”

创建 SpaceX

与互联网技术一样，航天技术也是埃隆·马斯克学生时代就向往的领域。当 PayPal 公司完全进入正轨，自己的激情逐渐消退的时候，学生时期的航天梦又浮出了水面。

2002 年 1 月，距离 PayPal 公司被收购还有 9 个月，在圣诞节的假期期间，埃隆·马斯克来到巴西里约热内卢度假。巴西的海滩和日光浴令人着迷，在海滩上人们能做的事很多，沙滩排球、沙滩足球都是巴西人热爱的运动项目，当然，也有些人会选择打个盹或者跟身旁人聊聊天。埃隆·马斯克则喜欢看书，拿起了一本名为"火箭推进基本原理"的书看，他正为运筹自己的新计划准备着。

2002 年 6 月，埃隆·马斯克创立了 SpaceX。相比微软共同创始人保罗·艾伦、理查德·布兰森等致力于在太空旅行上赚钱的富翁来说，马斯克更关注于航空事业的发展。他想建造真正的火箭和太空飞行器，以能够维持长久的太空运输工作。

随着航天飞机时代的结束，SpaceX 的出现恰逢其时，或者说马斯克又一次证明了自己的精准判断。2006 年开始，美国国家航空航天局（NASA）部分打开了和民营太空公司合作的大门，让民营企业可以通过竞标，开发往返于地球和近地轨道的“太空出租车”，此时 SpaceX 公司已有宝贵的 4 年经验。SpaceX 旨在研究如何降低火箭发射成本，马斯克的雄心壮志是将发射费用降低到商业航天发射市场价的 1/10,并计划在未来研制出世界最大的火箭用于星际移民。

带着几亿美元的启动资金，马斯克到各大航天公司兜售他的想法。恰当的时机，让他有了不错的起步，得以组建起一支“梦幻”团队。一家新成立的民营火箭发射公司能招到如此多的顶尖人才,与恰当的时机不无关系。2002 年前后,美国 NASA 的航天计划因种种原因而停滞不前，官僚主义、铺张浪费等负面消息让人们开始对这个庞大的组织产生质疑。为了推进航天技术的发展,NASA 开始支持民营企业发展航天技术。他们还把“阿波罗计划”中的部分技术资料公布出来。

不少技术精英纷纷响应马斯克的号召，包括美国最大的引擎制造商 TRW 的液体推进器专家汤姆 · 穆勒，世界上没有人能制造出比他造的还大的发动机引擎；在波音公司当了 15 年的“Delta”火箭测试主管的蒂姆·布扎，还有麦道飞机公司的技术专家克里斯 · 汤姆森。

克里斯 · 汤姆森回忆说：“那天暴热，气温达到了四十几摄氏度，马斯克打电话约我见面，两小时以后我意识到，这是一个梦想成真的时刻，大公司里永远都不会有这样的机会，我要是不立刻行动，将来老死了躺在棺材里我都会跺脚后悔的！”

这是有着共同梦想的团队，在国家使命的感召下挥洒着智慧和汗水。很多美国 NASA 资深的工程师，深感于 NASA 自阿波罗登月计划以来的雄心壮志被浇灭，眼瞅中国、印度等国奋起赶上的现实，便义不容辞地加入了 SpaceX，因为谁都清楚，航天事业不比其他，错过了机会就可能是一辈子的遗憾。

几位专业能力极强的科技英雄带领着航空航天领域的杂牌军，开始兴致高昂地干了起来，因为他们知道，他们建造的火箭，会载着人类飞向太空，登陆火星，完成人类进化史上的大跨越。

SpaceX 公司的成功开始于一系列成本非常低廉的小改进，这与许多伟大公司的起步一样，比如惠普、西南航空、戴尔、松下等公司。创业初期，在加州地区 55000 平方英尺的 SpaceX 公司总部，每个人都在为制造火箭忙碌着，没有庞大的开发试验室，没有一大群博士，也没有政府津贴。他们大量采用了成熟技术和成熟设备，SpaceX 公司如今的主力发动机“灰背隼 1”至关重要的喷注器来自阿波罗计划登月舱下降段发动机，发动机整体设计也源自 TRW 公司，作为 TRW 公司的核心设计师，汤姆·穆勒离开 TRW 担任了 SpaceX 推进部门副总裁。

在 SpaceX，任何古怪的省钱办法都会受到追捧，只要是有效的。比方说，他们没有买新的经纬仪（用来跟踪火箭轨道的一种仪器），而是从 eBay 上买了一个二手货，省下 2.5 万美元；“猎鹰” 1 号的第一截按设计是部分可回收的，会降落到海里，而雇一个专业的火箭打捞公司要 25 万美元，于是他们请了一家能处理敏感设备的商业打捞公司，只要 6 万美元。

在马斯克的带领下，SpaceX 的雇员把自己从火箭科学家的思维中解脱出来后，他们会从许多奇怪的地方寻找灵感。克里斯·汤姆森曾经开车经过送奶卡车，他突发奇想，能不能用这些盛牛奶的大罐子盛燃料呢？这些都是批量生产的东西，都很便宜，而且出故障的并不多。难道我们不能用类似的东西吗？他约了制造商见面，虽然最终意识到不可行，但确实存在这种可能性。

死在火星是一件挺酷的事

“看上去很难，但实际比看上去还难。”回忆起 SpaceX 创办初期的重重困难，埃隆·马斯克曾如此感慨。

尽管 SpaceX 公司初创时即招揽了不少精英，但一家私人公司独立研发可发射升空的火箭，其困难仍超乎想象。

2006 年， SpaceX 公司开发的“猎鹰”1 号火箭首次发射，仅仅一秒之后燃料管就破裂了。

2008 年，“猎鹰”1 号运载火箭在经历了 3 次发射失败之后，已经把马斯克在 PayPal 公司赚来的钱消耗殆尽，在这段最为艰难的时期，只能靠向他人赊借得以度日。马斯克很清楚，如果第 4 次发射仍然失败，那就意味着破产。

奇迹往往就在坚持到难以为继的时候出现。大有所成的创业家都经历过绝处逢生的时刻，在无回头路时，都把胆怯封藏起来向前冲。

“猎鹰”1 号在第 4 次发射试验中成功地进入预设轨道，这一次震惊了整个美国，震惊了全世界。令人惊讶的是它的发射费用，由于“猎鹰”1 号运载火箭采用部分可重复使用的发射系统，因此，发射一次的费用仅为670万美元，而在当时，相对便宜些的飞马座火箭（一种从空中发射的小型运载火箭）发射一次的费用则要2500万美元。

首获成功之后，美国NASA为SpaceX公司提供了一份合同，以帮助SpaceX公司进行火箭发射项目，这张合同书中没有明确具体的资金数额，只是根据公司在2010年6月30日至2012年12月期间的发射项目来提供2亿—10亿美元的支持。至此，埃隆·马斯克的火箭公司迎来了新的曙光。

随后，可重复使用的火箭技术进一步被完善。2010年12月8日，SpaceX的"猎鹰"9号火箭成功将"龙"飞船（Dragon）发射到地球轨道，并于12月9日成功软着陆，此次太空飞行试验没有人员及物资。这是全球有史以来首次由私人企业发射到太空，并能顺利折返的飞船。

"龙"飞船向空间站缓慢靠近后，空间站内的宇航员佩蒂和凯博斯利用加拿大机械臂成功捕获"龙"飞船，据这两位宇航员描述，当时，他们就好像抓住了一条龙，这种感觉非常奇妙。最后，飞船按照预设轨迹重返地球，依靠三个降落伞落入洛杉矶西南约900公里处的太平洋海域，早已准备就绪的打捞队伍在第一时间赶赴现场进行打捞工作。

世界各大媒体开始纷纷转述这一体现SpaceX公司终得大成的细节描写。整个航天界被再一次震撼了。两年后，在技术上已趋于成熟的“猎鹰”9号运载火箭迎来了NASA部署的任务——向国际空间站输送重量约500公斤的物资，这也是人类首次由商业飞船向空间站发送物资。

“你可以拥有一辆很便宜很稳定的汽车，这个规则也适用于火箭。”埃隆·马斯克开始组织词语形容火箭公司的成绩。

SpaceX总部在比弗利山庄的另一端，与特斯拉研发中心比邻而建。当波音公司削减747机型的产量并离开这个地方后，马斯克将它租了下来。SpaceX总部的前半部分看起来与典型的科技公司办公室没什么不同。开放式布局的房间中放着一排排办公桌，其中一个超大的角落隔间属于马斯克。再往里走大约30米，景象就有别于一般办公室了。首先，映入来访者眼帘的是一个组装区，身穿蓝色SpaceX实验服的工作人员正在组装定制电路板，周围全是示波器和焊铁。再往里是一个近3万平方米的组装间，SpaceX航天器上80%的部件都是在这里生产的。好几百人在这个大厅里忙前忙后，照看着SpaceX为客户定制的机械设备。整个大厅都回响着机器释放出压缩空气或在金属上钻孔的噪声。数台Merlin发动机和“龙”飞船太空舱散放在地上。

从个人衣着、气质来看，马斯克也并没有那种典型的富豪腔调，他穿牛仔裤、T 恤，并坐在一张可以遥望停车场的办公桌后面。从他开放式的办公室走出 40 多米就可以到达 SpaceX 的工厂，忙忙碌碌的工程师、技师正在这座占地一英亩的工厂内研究火箭构造、推进系统以及卫星轨迹等课题。在工厂大门的上方便是曾在 2013 年成功和国际空间站对接的首艘商用载具“龙”飞船。现在,SpaceX 的下一个目标是在 2015—2017 年通过“龙”飞船将人类带入太空。

一群工人正在组装一个防护罩，它将用于保护潜在客户将要发射的卫星。马斯克说,加拿大和泰国政府都表示出了兴趣。SpaceX 计划 2014 年进行 8 次发射, 到 2015 年发射次数将增至 16 次。

如果达到这一目标，SpaceX 将在全球商用太空飞行中占据主要份额。SpaceX 计划在未来三年里将游客送至空间站,每人收费 2000 万美元，较现在的 6300 万美元大幅降低。

SpaceX 董事会成员史蒂夫 · 尤尔韦松是一位业务涉猎极广的早期投资家，从特斯拉到 HotMail，再到 Synthetic Genomics, 几乎无所不包。他认为, 马斯克拥有一种少见的直觉，知道什么样的太空业务是可行的。建造和发射火箭是尤尔韦松的爱好之一，他说 :“在太空领域，有些东西是绕不开的，这里没有什么艺术空间，因为物理学定律才是王道。”

尤尔韦松说，马斯克已经根据火箭载荷，构想出了混合及匹配发动机配置的模块设计，他认为马斯克建造出了目前最安全且最具成本效益的航空器，正因为如此，也只有 SpaceX 真正解决了美国向空间站，甚至向更远处双向输送人员和物资的问题。SpaceX 总裁格温·肖特维尔说："我们不是月球人，但我们绝对是火星人。"

"价廉"是 SpaceX 公司的优势，在正常情况下，发射一枚大中型载荷火箭到太空的费用在 4 亿美元左右，性价比颇高的中国长城公司的长征三号乙火箭的发射费用是 6000 多万美元，SpaceX 公司所研发的"猎鹰"9 号火箭的标准发射费用仅为 5400 万美元。这样的价格优势让 SpaceX 公司轻松拿到了 NASA 的合同。

马斯克认为，随着时间推移，发射价格还将进一步下降，且 SpaceX 的火箭被设计为可回收利用。"如果能恢复'猎鹰'9 号火箭的第一部分的话，那么只需建造出每次花 20 万美金就能重复使用的火箭推行器就能发射飞船上太空了。"马斯克曾对《华尔街日报》记者说。

当然，为 NASA、商业客户提供廉价、可靠的太空运输、卫星投放服务，都只是马斯克为实现将人类送往火星梦想的其中一部分而已，在他规划的蓝图中，让更多的人负担得起到太空旅游的费用是下一阶段的计划。

马斯克表示："对我来说，最重要的是研发出一种可以运送一大批人和货物前往火星的技术，这才是真正令人叹为观止的东西。”而且，马斯克希望人类可以在15年内实现向火星移民8万人的梦想。

“当然，这一梦想也不是免费的，这意味着我们需要首先满足诸如NASA这些重要客户的需求，在上面建立商业广播卫星、GPS卫星、绘图，并组织进行科学实验等。虽说人类不太可能在短期内遭遇灭顶之灾，但我们的确经历了若干具备毁灭性影响的事件。这就像在买车的同时也会购买保险是一样的道理，购买保险并不是因为你认为自己明天就会遭遇不测，只是因为存在这个可能性而已。”

SpaceX的尝试惊动了美国政府，2010年奥巴马参观完SpaceX的发射现场，坚定了扶持商业航天产业的决心。目前，SpaceX与美国航天局签署了16亿美元的合同，负责为国际空间站提供太空货运服务。该公司迄今已利用其“龙”飞船完成了两次送货任务。2013年9月，新一代“猎鹰”9号火箭发射成功，马斯克又收到了奥巴马的祝贺短信。这次使用的升级版“猎鹰”9号比之前版本的功率大60%，拥有更长续航能力、新的航空电子设备和软件以及其他旨在提高发射能力和简化操作的功能。

除了SpaceX以外，其他一些私人公司也正试图填补由于政府预算问题而不得不搁浅的部分太空项目，但马斯克对这些竞争对手的威胁似乎并不担忧。他认为，亚马逊 CEO 杰夫·贝佐斯旗下的蓝色起源公司正在研发的可重复发射运载火箭和低轨道飞船方面的进展仍然“相对较慢”。对于预计 2014 年晚些时候展开商业旅行的布兰森的英国维珍银河公司，他更没放在心上。“我们其实并不处于同一领域，理查德·布兰森的这一业务其实就是在亚卫星轨道层为旅客提供一个五分钟的太空体验而已。他希望为人们提供一种刺激的娱乐体验，这无可厚非，但我并不认为我们是竞争关系。”马斯克评价说。

SpaceX 的成功可归结于创业者马斯克很好地利用了外行的优势。

外行的长处是可以自由想象。“外行”没有先入观念，不拘于既成的习惯、惯例，总能自由发想，这是向新事物挑战时最大的优点。

马斯克在大学曾修过物理学，但他并不是个火箭专家，2001 年初，马斯克策划了一个叫“火星绿洲”的项目，计划把一个小型实验温室降落在火星上，包括要在火星土壤里生长的农作物。不过当他发现发射成本比这个项目的研发和工程成本都要高得多的时候，他暂缓了这个项目，决定先成立一个公司来研究怎样降低发射成本，这就是后来的 SpaceX 公司。马斯克的长期目标是，SpaceX 可以帮助人类建立真正的太空文明。

“SpaceX 可能是第一家建造火箭带人上火星的公司，”马斯克把火星视作太空的“圣杯”,“如果我们能带人和设备去火星,这样就能使人类变为多行星物种成为可能。这是 SpaceX 公司非常重要的目标。”“死在火星是一件挺酷的事情(当然不能在登陆的时候撞死),我们有实现这一梦想的可能。”马斯克说道。

2

用特斯拉撬动世界

如果说 2007 年苹果发布的 iPhone 手机改变了整个手机行业，那么特斯拉的主打车型 Model S 已经开始震动整个汽车行业。2010 年特斯拉的上市是自 1956 年福特汽车上市 50 年以来，美国第一次有新汽车公司 IPO。从 Roadster 到 Model S 的产品进化，特斯拉或许已开创出继福特 T 型车后又一划时代的产品。

爱迪生精神

在 2008 年的一次采访中，马斯克解释特斯拉电动车的来源，公司以著名发明家尼古拉 · 特斯拉（Nikola Tesla）命名，是因为电动汽车使用的交流异步电机正是基于特斯拉的发明框架。不过，马斯克强调说，自己更喜欢特斯拉的“冤家对头”、另一位发明家托马斯·爱迪生，“因为爱迪生把自己的发明推向市场，让这些发明为全世界所用”。马斯克是一名大众创新者，不管是航空航天技术，还是电动跑车，他在内心深处都想着如何将它们推向大众市场。

爱迪生是技术派创业大家的鼻祖，他是汽车产业的缔造者亨利 · 福特的创业导师，是比尔 · 盖茨的精神偶像，爱迪生也被乔布斯、马斯克、贝佐斯这些新型创业大家膜拜。100 多年前，爱迪生预测到汽车世纪的来临，不过他原以为会是电动车世纪，直至 100 多年后的今天，电动汽车才开始真正显现出接管交通运输世界的苗头。戏剧性的一面是，这家已引起世界瞩目的电动车领先企业，被冠以了爱迪生“死对头”特斯拉的名号。

从创业精神、汽车渊源、电力革命等领域阐述特斯拉汽车公司所蕴含的内涵，都离不开爱迪生这一创业榜样，因此先得从爱迪生精神的源头说起。

发明大王爱迪生作为大创业家的身份总被人们忽视。实际上，爱迪生是 200 多年商业史上最成功的、集发明家与企业家两重身份于一身的人，是技术派创业大家的鼻祖。

从小爱做些小发明，捣鼓各类产品，后来终于有了自己的专利，卖出专利获得第一笔钱，之后就投建工厂，这便是爱迪生的创业轨迹。由此可看出，创业只是爱迪生日常工作的延续，爱迪生根本就没把它当作多么重大的事情，对他来说，创业是一种生活方式。

一次，西部联合公司的老总打算购买爱迪生的一项专利，问爱迪生多少钱才算合理。爱迪生鼓足勇气想要 5000 美元，但是，他又觉得这笔数目太大了，没勇气说出口。“4 万美元怎么样，能成交吗？”老总问爱迪生。

4 万美元！这把爱迪生惊呆了，这笔钱成了爱迪生的创业起始资金，于是他在纽瓦克开了一家自己的工厂。爱迪生声称，自己不是那种把钱锁在保险柜的人，他很快雇用了 50 名工人生产自动收报机和其他一些仪器，工厂的工人两班倒，自己则担当工头。

之后生意兴隆，爱迪生正式踏上了创业的漫漫征程，开始了伟大的发明生涯。在这座工厂，爱迪生做出了诸如蜡纸、油印机等发明，从 1872 年至 1875 年，爱迪生先后发明了二重、四重电报机……发明和创业点子源源不绝。1879 年,爱迪生创办“爱迪生电力照明公司”，不到一年，白炽灯上市销售;1882 年 9 月,爱迪生首次在纽约珍珠街发动建设第一个电力照明厂;接下来是电气化铁路的试验、对水泥生产的投资。在后来几年中，蓄电池、无线电设备、有声电影的发明，各种家用电器的发明等都花费了爱迪生这位创业大师的时间和天赋。

爱迪生不仅是一位发明家，也是伟大的创业家。他很早就认识到，要想取得商业方面的成功，仅有技术远远不够，所以，他一直致力于发明可供商业开发的产品项目。

两大举措证明他是一位企业家，而不是单纯的发明者。其一，爱迪生从一开始就追求系统的解决方案。爱迪生并不是唯一发明灯泡的人，英国物理学家斯旺也发明了灯泡。从技术上看，斯旺的灯泡更优秀，于是爱迪生购买了斯旺的专利权，并将它们用于自己的灯泡生产中。爱迪生并不仅仅考虑了技术方面的要求，他在着手考虑玻璃罩、真空管、闭合和发光纤维等技术性工作时，就已经确定了一个“系统”：他的灯泡是专为电力公司使用而设计的。

系统性解决问题,正是企业家的特质。爱迪生筹措了资金，并获得了给灯泡用户的接线权，使他的灯泡客户享用到电，另外他还安排了分销系统。由此，爱迪生的白炽灯迅速取得全球压倒性优势。可以这么说，科学家斯旺发明了一个产品，爱迪生则创造了一个产业。

其二是组建发明家团队。爱迪生是企业研究院的开创者，他创建了现代的科学研究发明体系，或者说是美国式的创新方式。爱迪生并非在自家车库里面敲敲打打、自甘寂寞的科学天才，而是聚集了一群有创新头脑的人为他工作，他组建的门洛帕克实验室是苹果、谷歌、微软等现代顶级企业研究院的前驱。

早在爱迪生来到纽约谋生不久的 1870 年，爱迪生用别人提供的资金担保，雇用了英国数学家查尔斯·巴特切罗、瑞士机械师约翰·克鲁齐，吸纳了威廉·昂格尔作为公司合伙人，这时候，就有了组建发明团队的举措。之后，由于公司扩张需要用房，他搬进了位于新泽西州门洛帕克的大楼里。在这里，先后有 1093 项发明研制成功。

多年以后，“门洛帕克”作为世界上第一个产品研发性质的实验室而闻名于世，成为了企业研究院鼻祖的代名词。门洛帕克实验室成为包括施乐公司著名的帕洛阿尔托研究中心、贝尔实验室在内的类似机构的先驱。事实证明，这是科技发明成果成功实现商业化转化的一条有效途径。

尽管生活及商业上遭受不少失败，但爱迪生从未被打倒过。甚至可以说，正是这些磨难成就了爱迪生，爱迪生精神对创业者来说尤其可贵。投资磁力选矿厂的失败让一些合伙人悲痛欲绝，但爱迪生却没有被打倒。“就我个人而言，”爱迪生说，“我可以在任何时候去当一名月薪为 75 美元的电报员，这些钱可以满足我一切个人需求。”类似的话，我们能从之后的许多创业大家口中听到。

“永不无聊，永不止步”或许是对爱迪生最好的概括，也是创业者们学习的一种精神。爱迪生有一句名言：“天才是百分之一的灵感，加百分之九十九的汗水。”这可不是堂皇之词，而是他的肺腑之言，是其毕生甘苦的真实写照。可以这么说，爱迪生是历史上工作最为勤奋、睡眠时间最短的伟人。一次宴会上，一位美国部长问几位成功人士：“战胜诱惑最好的武器是什么？”爱迪生回答道：“在这些事情上，我没有任何经验，我甚至抽不出 5 分钟去想任何有违道德或法律的事情。如果非得让我勉强去猜测一下怎样才可以使年轻人摆脱各种不良诱惑，那我的答案是找点事做，努力去做，这样的话，各种诱惑就没有了容身之地。”

颠覆者特斯拉

很多人受爱迪生精神的鼓舞，把爱迪生视为榜样。亨利·福特向爱迪生展示自己所研制的汽车结构图时，爱迪生突然开口说道：“年轻人，这很了不起！”他用拳头在餐桌上重重一击。多年以后，福特回忆说：“击在餐桌上的那重重一拳，对我而言，它的价值等同整个世界。”

杰夫·贝佐斯十几岁时，梦想着有朝一日成为爱迪生一样的发明家，因此他母亲不厌其烦地穿梭于当地的一家无线电器材公司，去给他购买一系列小玩意的部件，如自制的机器人、气垫船、太阳能炉灶以及其他一些小配件。贝佐斯的敲敲打打没能让他成为一名发明家，却让他在互联网领域雄霸一方，成为全球高科技领域的新领军者。

不过，总有人对爱迪生“不屑一顾”，尼古拉·特斯拉，这位爱迪生的旧门生，让爱迪生遭受了商战中最惨烈的一败。这也是一直以来人们记住了发明家爱迪生，而忘记了企业家爱迪生的主要原因之一。

直流电与交流电的用电标准之争是19世纪最后的10年里

最著名的商战故事。爱迪生经过艰辛的努力，将他的直流电技术引进喧闹的纽约，而特斯拉和西屋公司用他们的交流电技术与之抗衡，于是引发了一场美国公司历史上最独特的对垒——电流之战。

这也是领先者被追赶、被超越的商业故事。或者说，它也喻示着创业新手如何弯道超车的方法。这与特斯拉电动车的崛起有某种类似之处。

电流战争还得从 1884 年秋的一个清晨说起，爱迪生与特斯拉的恩怨就此拉开帷幕。

1884 年秋的一个清晨,爱迪生从比他小 9 岁的一个名叫特斯拉的人手里接过了一封推荐信。“我认识两位伟人,你是其中之一，另外一位就是站在你面前的年轻人……”

信是欧洲大陆爱迪生公司的负责人查尔斯·巴特切罗写来的。爱迪生对巴特切罗如此高度评价眼前这个年轻人觉得不可思议，他草草看了特斯拉的简历以后，马上委派给他一份工作——完善直流电系统的性能。

特斯拉两年前进入欧洲大陆爱迪生公司工作，与爱迪生一起工作一直是他的理想。他欣然接受了爱迪生交给他的工作，并且大胆地向爱迪生提出了自己的设想：利用交流电流来产生电能。然而爱迪生的态度是冷淡的。

谁都没有想到，“引狼入室”拉开了爱迪生悲剧的序幕。

1893 年芝加哥世博会是决定直流电和交流电胜负的关键

正面战场之一，此前有无数的小战役。当时交战双方旗鼓相当，直流电一方是“发明之父”爱迪生和新组建的通用电气公司，交流电一方是初露头角的塞尔维亚移民科学家特斯拉和实力强大的西屋公司。芝加哥世博会照明权竞标成为两厢的战略博弈。

爱迪生旗下的通用公司将报价从最初每盏灯 18.49 美元一直砍到 5.95 美元，总额从 170 万美元下降到不足 45 万美元，此后便不再让步。西屋公司则孤注一掷，断然以低于 40 万美元的报价赢得了世博会的照明权。芝加哥博览会恰逢哥伦布发现美洲 400 周年纪念，1893 年 1 月，由交流电点燃的 9 万多盏电灯照亮了整个会场，这一结果宣布了交流电取得了决战的胜利。1895 年，尼亚加拉水电站建成，特斯拉的交流电系统成功地将电流传输到 35 公里外的布法罗市，从而宣告交流电彻底战胜了直流电。此时爱迪生的直流电则不得不退出历史舞台，而爱迪生本人更是不得不面对残酷的现实。

求胜之心令人之本性尽显，爱迪生商业本性中恶的一面也在这场电流战争中有所显现。爱迪生铁口断言交流电不安全：“直流电如一条小河，平静地流向大海。交流电像一股恶浪，狂暴地撞向峭岩。”为证明这一理论，爱迪生多次当众用交流电将猫、狗和马电死。此类表演的高潮是电死纽约公园的大象。爱迪生这些有些龌龊的商业伎俩没能阻止交流电取代直流电的势头，倒令他与特斯拉的一段师徒情谊彻底破裂。

1915 年 11 月 7 日,《纽约时报》报道爱迪生将和特斯拉分享当年的诺贝尔物理学奖，但这一消息却最终未能成真。据传，特斯拉扬言绝不与爱迪生为伍。

直流电和交流电之争成了美国历史上最重要的企业战争之一。1892 年，爱迪生通用电气公司和汤姆森 - 休斯敦电气公司强强联手，由它们合并而成的通用电气（GE）和特斯拉继续 PK，直到两者都逝世，宿怨依然未消。这种对峙一直维持到 20 世纪 80 年代，通用电气正确地选择了杰克・韦尔奇担任首席执行官,而西屋公司却在继任者问题上连犯错误。此后，通用电气成为世界上价值最高的公司，而西屋公司却被落在后面。

与爱迪生积累了巨大财富不同，特斯拉从不在意他的财务状况。他活了 86 岁，但死前却有点穷困潦倒，最后以悲剧落幕。因举止怪异，特斯拉被普遍认为是“疯狂科学家”的原型。1943 年 1 月，终身未娶的特斯拉在纽约一家酒店因心脏衰竭逝世。

19 世纪末 20 世纪初，尼古拉・特斯拉对电力学和磁力学做出了杰出贡献，他的专利和理论工作依据缔造出了现代交变电流电力系统，包括多相电力分配系统和交流电发电机，促使了第二次工业革命轰轰烈烈地展开。

20 世纪初，特斯拉是敢于把爱迪生掀于马下的人，是最了不起的颠覆者。21 世纪初，硅谷的创业家马丁·艾伯哈德就想以特斯拉为榜样，希望掀翻汽车领域的旧霸主们，几经波折，艾伯哈德的梦想最终落到了特斯拉公司现任 CEO 马斯克的身上。

连续创业家艾伯哈德

企业家从其诞生的第一天起，就以创新者的面目出现。他用机器生产代替手工劳动，用工厂制度代替庄园组织，用经济契约代替人身依附。他开辟了一个个“新大陆”，从遥远的地方运来原材料从事生产，再把生产出来的产品卖给那里的居民。自第一次产业革命以来的200多年里，企业家队伍的成分变了，素质变了，但创新的本质没有变，任何一位企业家的创业史，无不是一部创新史。

硅谷连续创业家马丁·艾伯哈德是了不起的企业家、创新者，他希望自己成为像尼古拉·特斯拉般的颠覆者，希望能对主流汽车产品进行颠覆。所以当2003年他有创建一家纯电力驱动的汽车公司的创业点子时，便把公司起名为“特斯拉”。在电流战争中，特斯拉把爱迪生彻底掀翻于马下，永没让其翻身，马丁·艾伯哈德希望他的电动车，能彻底掀翻传统的汽油车。

艾伯哈德是一位连续创业家，与当今最富声誉的高科技公司缔造者贝佐斯、马斯克都有着非同一般的关系。贝佐斯、马斯克实现了宏图大志，某种程度而言，都是建立在艾伯哈德的开创性尝试上。只不过，目前为止，艾伯哈德就像是尼古拉·特斯拉的化身，是个稍显悲情的创业英雄，没有获取多少财富，在自己公司最终的竞争中屡次落败。

艾伯哈德的创业故事，要从 1997 年一家咖啡馆的创业点子说起。

1997 年还是互联网朦胧发展期，马丁·艾伯哈德和他的朋友马克·塔彭宁某天正坐在帕洛阿尔托的一家咖啡店里，一边端着拿铁，一边思考着移动计算领域光明的未来。掌上电脑，一种开拓性的个人数字“助理”刚刚出现，手机也快速地发展成表面圆滑的工具，能够很轻易地放进上衣的口袋。

当时，艾伯哈德和塔彭宁为一家磁盘驱动器制造商工作，他俩都是非常爱读书的人。那天，两人边喝着咖啡边推测最终能否发明一种计算机来阅读电子书籍。自从古登堡计划出现后，多年来人们都在谈论此事。古登堡计划是非营利性质的，20 世纪 70 年代初发起于伊利诺伊州的香槟市，致力于将全世界的图书数字化，让每个人都能从个人电脑上进行阅读。艾伯哈德和塔彭宁则有了另一种想法。他们想要能移动的设备，这样人们可以用专用的电子阅读设备随身携带整个图书馆的电子书。

当年春天，他们两人创办了新媒体公司（NuvoMedia）并开发出世界上第一台便携式电子阅读器，他们称其为“火箭书”

（Rocketbook）。

20 世纪 80 年代，艾伯哈德曾创业过，他知道需要资金雄厚的投资者以及强大的盟友，为自己在复杂而未被宠坏的图书出版界铺路。艾伯哈德认为贝佐斯和亚马逊正符合他的要求。

贝佐斯要求所有合同中都必须加上独占权条款，并希望能对未来的投资者持有否决权，艾伯哈德不愿意今后筹措资金的机会被限制，于是双方的谈判破裂。没多久，艾伯哈德与世界上最大的连锁书店巴诺书店达成协议，该书店和出版巨头贝塔斯曼同意各投资 200 万美元，买下了新媒体公司将近一半的股份。

不过，电子书很快就夭折了，巴诺书店在火箭书消失后完全停止了电子书的销售。几乎所有人都认为电子书在技术上已经是死路一条，是一种毫无希望的媒介。在那些年中，贝佐斯和艾伯哈德仍保持着朋友关系，他一直都密切关注着火箭书的崛起与衰落，这不仅仅是一时的兴趣。“我坚信将来绝大多数书籍将以电子书的形式出现，”贝佐斯在 20 世纪 90 年代末这么说，“我还相信未来还有很长一段路要走，至少在未来的 10 年以后。”

再之后，亚马逊在技术上投入巨资启动数字化项目，2007 年亚马逊公开“Kindle”这项研究结果几周后，贝佐斯来到马丁·艾伯哈德硅谷的家进行拜访，问他是否认为亚马逊最终做对了。无疑，贝佐斯占据了天时、地利，取得了完胜。电子书横扫天下，最辉煌时亚马逊电子书曾占据了美国 90% 的数字阅读市场。

我们只能说，艾伯哈德创建电子书公司时，时机远未成熟，犹如 5 年之后的特斯拉电动车公司成立，核心产品 Model S 诞生之前，纯电动车的市场也未成熟，最终电动车公司不得已只好转让给一位叫埃隆·马斯克的硅谷创业家，一位扬扬得意、因刚出售 PayPal 公司而大把钞票在手的、对新能源领域有着深刻思考的未来战士。

电动车源起

几乎在马斯克创建 SpaceX 公司的同一时期，2003 年，特斯拉电动车公司成立。不断有好的创业点子涌出的马丁·艾伯哈德，作为资深车迷，从停在车库中的丰田普锐斯身上找到了下一个创业的方向。

管理学家德鲁克认为，企业的目的只有一个正确而有效的定义："创造顾客。"企业家必须设法满足顾客的需求，而在他们满足顾客的需求之前，顾客也许已经感觉到那种需求。但是，只有在企业家采取行动满足这些需求之后，顾客才真的存在，市场才真的诞生，否则之前的需求都只是理论上的需求。

艾伯哈德发现，丰田混合动力汽车"普锐斯"的超级跑车很受青睐。他认为，这些跑车的拥有者选择采用燃油发动机和发电机、蓄电池做双动力的车型，并不是为了省油，而是借此表达对环境问题的思考。于是，艾伯哈德有了利用单一新能源来为这群有环保意识的高收入人士和社会名流打造超级跑车的想法。

有关电动车、混合动力车、纯电动车这一历史演进过程，还要回到汽车诞生之初的那个年代。

电动汽车诞生于1834年，比内燃机汽车早了半个多世纪。1832—1839年间，苏格兰人罗伯特·安德森给四轮马车装上了电池和电动机，将其成功改造为世界上第一辆靠电力驱动的车辆，同一时期，荷兰人西博兰斯·斯特町应用法拉第电磁感应原理组装了一台电动三轮车，电磁感应原理在这辆电动车上的应用开启了新技术在电动车的应用之门。

1873年，英国人罗伯特·戴维森制作了世界上最初的可供实用的电动汽车。这比德国人戴姆勒和本茨发明汽油发动机汽车早了10年以上。

汽车工业发展早期，大多数汽车采用的是电池驱动。爱迪生曾预言汽车时代即将到来，指的也是电动车。1900年时，美国成百上千家汽车公司中幸存下来的50多家公司生产了大约4000辆汽车，这些车3/4以上都是以电力或者蒸汽作动力的。蒸汽汽车因其在直道上相对较高的速度获得了汽车狂热者的青睐，而由可充电电池驱动的电力汽车在那些不常开车的人当中最受欢迎。汽油动力汽车排在第三，在美国消费者的眼中，这种汽缸不断震动的车肮脏、吵闹、不可靠，也不舒服。

福特成为“汽车之父”之后，人们认为亨利·福特是位有先见之明的汽车机械师，因为他坚定不移地走在开发以汽油为燃料的内燃机汽车道路上，他给出的理由是：他很早就了解到蒸汽机车的缺陷——需要很长时间来加热；也认识到电池太重导致电动车行驶较慢。

更接近于现实的情况是，历史上的一次偶然事件助推了汽油动力车一把。1901 年兰塞姆 · 奥尔兹工厂发生的一场大火成为了转折点。这场火灾烧毁了制造奥尔兹型电动车的全部精密设备,使得一种已经被抛弃的汽油汽车恢复了生产。要知道，当时奥尔兹工厂是底特律汽车制造的领头羊，在制定标准或引领标准方面权重极大。

奥尔兹工厂不得已重新生产汽油动力车，使得此类车成为第一种大量生产的汽车，在随后的 3 年间销售了 7000 多辆。更重要的是，这种汽车促使许多工程师和企业家结合起来，实现了富有成果的合作，引导着汽车行业的未来发展方向。

奥尔兹公司是当时最大的汽车生产商，是底特律最具代表性的创新公司。在奥尔兹工厂大力上马汽油动力车时，其他汽车公司争相赶上，汽车工程师们把研究重心扑到改进内燃机上来。

当时，汽油发动机是供工业使用的固定发动机，猛然间，人们发现汽车突然成为了汽油发动机的主要应用市场，且优势愈加明显：使用汽油发动机使得汽车不再受到各种不同燃料和发动机的困扰，从而能根据一种固定的产品形式来生产，进而将精力和才智更多用于批量生产和销售。

内燃机汽车后来战胜电动车，1911 年查尔斯·凯特灵发明的电子启动器功劳不小，它替代了笨重且危险的手动曲柄启动器，这项发明让驾驶汽车变得更加安全，也更易于操作。

此后，福特 T 型车横扫世界时，电动汽车在争夺主导汽车设计形式的竞争中完全输给了汽油动力汽车，从此，电动汽车就一直徘徊在传统汽车市场的边缘。

随着越来越多的决策者发现电动汽车具备减少城市空气污染的特性，美国对电动汽车的研究在 20 世纪 70 年代开始迅速升温。

1990 年，美国加利福尼亚州议会通过一项《ZEV 法案》，要求在 1998 年的汽车总销售量中，必须有 2% 的零排放汽车。到 2000 年，零排放汽车应占汽车总销售量的 3%，2001 年达 5%；而 2003 年增至 10%。随后，美国东部的 10 个州也仿效加州的做法，出台了相应的零排放法案。受这个法规的影响，电动汽车在 20 世纪 90 年代的美国迎来了一个前所未有的发展良机。

通用汽车雄踞汽车霸主之位半个多世纪，在重新研制电动车方面也一马当先。

1990 年，通用公司在洛杉矶车展上推出了 Impact 电动车。这辆车仅重 998 公斤，采用三相交流感应电动机，最高时速达 176 公里，以 88 公里的时速可以行驶 200 公里。Impact 的亮相在某种程度上促进了《ZEV法案》的孕育和诞生。当时因为价格高，这辆电动车还不具备与汽油车一决雌雄的实力。随后，通用汽车公司牢牢抓住《ZEV 法案》这个大好契机，以

Impact 的核心技术和设计为原型，开发出了 EV1 型纯电动轿车，1996 年正式展出，被视为现代电动车开山之作。

各大汽车厂商都有过在混合电动车或纯电动车方面的尝试，且取得过不错的成绩。比如德国大众汽车以高尔夫第一代至第三代为原型车打造的 Golf CityStromer 车型。首批电动车生产于 1981 年，第三代 Golf CityStromer 的最高时速达到了 100 公里。

1998 年，福特汽车公司推出专用于邮政运输的 Ranger 电动车，它坚固可靠，很适合行驶路线较为固定的邮政业务。次年，美国邮政管理局订购了 500 辆 Ranger 电动车用于邮政业务。这款车采用镍氢蓄电池，续航里程为 95 公里，最高时速可达 120 公里。这是当时美国历史上最大的一笔电动车订单。

通用 EV1 因其时尚外观和前卫技术，是电动车的经典之作。不过，纯电动车似乎并不受欢迎，通用 EV1 销量惨淡，2004 年被通用汽车全部召回，纯电动汽车走进了“死胡同”。

不过，有一种声音认为，因为担心纯电动车侵蚀汽油动力汽车的巨额利润，通用汽车自己把 EV1 扼杀于摇篮之中。2006 年，索尼电影电视公司制作了一部名为《谁扼杀了电动车》的电影。该影片在美国圣丹斯电影节备受瞩目，但由于通用汽车和其他汽车巨头的联合抵制没能公开放映。这部影片按照阴谋论的思路，试图揭开通用 EV1 汽车衰落的真正原因。《谁扼杀了电动车》在揭露扼杀电动车的真正凶手之前，依次调查了不同的“嫌疑犯”：石油巨头、汽车制造商、消费者、立法者、氢等。最后，社会活动分子乘坐直升飞机潜入通用汽车秘密的测试基地，拍下了通用汽车销毁 EV1 的场景：正好与其拯救 EV1 的誓言相反。

EV1 前任市场总监，同时在《谁扼杀了电动车》影片中担任主要角色的切尔西·塞克斯顿指责容易受蒙骗的立法者和只顾私利的汽车制造商，是他们主动放弃了电动车。

这是阴谋论支持者的单方面说辞，难以让人完全信服。不过可以确定的是，几乎在决定停止生产全电动车 EV1 的同时，通用汽车公司第一次推出了悍马车型。通用汽车和其他美国汽车制造商被 SUV 的短期利润吸引，忽视了对更为节能和环保的汽车技术进行投入，也错失了发展油电混合动力车的先机，被后来的丰田乘机介入，攫取了大部分的市场份额。

普锐斯：成功却不代表未来

20 世纪初，汽车工业发展迅速，市场也发生了很大变化。1900 年左右的汽车厂家只不过是向富人提供奢侈消费产品的供应商。但是，当时，汽车的销售量以每三年翻一番的速度增长，它的销售对象也不再仅限于这个群体。然而，现有的公司仍然把重点放在有钱人的身上。

年轻的亨利·福特在底特律看到市场结构在发生变化，在美国，汽车不再只是富人的玩具。他的应对措施是设计一种主要由半熟练的工人操作、可以完全批量生产的汽车，一种可以由车主本人驾驶和维修的汽车。

另一个美国人，威廉·杜兰特则将市场结构的变化视为成立一家专业管理型大型汽车公司的大好时机。他预见到一个巨大的“全方位”市场，并打算向各个阶层的消费者提供汽车。1905 年，他创建了通用汽车公司，开始并购已有的汽车公司，并将它们统一为一个大型的现代企业。

福特和通用凭借各自的创新能力，最终立足并称霸汽车领域。随着市场对新能源汽车的呼唤，昔日汽车巨头除非具备了不断创新能力，否则将很难继续在这个变化莫测和充满创新的时代充当领导角色，而新能源汽车的需求给予了日本汽车公司赶超美国汽车公司的机会。

汽车制造强国日本是最早开始发展电动车的国家之一。1965 年电动车被正式列入国家项目。两年之后，日本成立了日本电动车协会，1971 年，日本通产省制定了《电动车的开发计划》，对电动车的发展有了一个明确的规划。20 世纪 90 年代初，注定要发生改变汽车领域未来发展的大事，当然，在当时看来,启动“G21”项目仅仅是丰田公司的一个不大不小的举措。

1992—1993 年,丰田基于不同车型的开发体制,在其技术部门成立了先行开发 FR、FF、商用车、车载装置和新动力四个中心,进行了创业以来的一次大规模改革。这一改革是在时任丰田副社长金原淑郎的指挥下进行的，他是当时技术部门的总负责人。金原还于 1993 年 9 月以委员会的形式启动了“G21”项目，开始对 21 世纪的汽车发展进行思考。“G”源自 Globe 的首字母，Globe 是“全球”的意思。促使金原做出这一尝试的一大背景是丰田公司名誉会长丰田英二提出的问题。1990 年前后，日本的泡沫经济达到顶峰，时任会长的丰田英二一有机会就会提到这样的一个问题：“如果采用与过去相同的开发方法，丰田还能够在 21 世纪存活下去吗？”

从 1994 年开始，G21 升级为丰田公司的长期项目。1994 年

11 月，丰田副社长和田明广指示，为了浅显易懂地表达出对优异燃油经济性的诉求，1995 年车展要展出采用混合动力的概念车。就在 G21 项目组考虑将直喷发动机与新开发的变速器相结合，用以作为燃油经济性 1.5 倍的候补系统时，和田又做出了“为提升对 21 世纪的影响，燃油经济性必须提高 2 倍”的决定，同时还做出指示，要求“1994 年年底，市销车也要采用混合动力系统”。

由此，新产品概念已然定格在“环境”和“资源”两大关键词上。此后，1995 年 6 月，G21 项目由战略思考转化为全公司的战略行动，丰田公司高层在内部会议上决定开发混合动力车，开发代号为“890T”，混合动力系统被命名为“丰田混合动力系统”。在 1995 年 10 月的东京车展上，混合动力车系统的概念车普锐斯（PRIUS）正式向世人亮相。

量产混合动力车不过是最近 20 年内发生的事，但这个梦想的出现要追溯到 20 世纪之初。美国工程师 H. 派珀取得了混合动力技术的发明专利，发明的原理是利用电力发动机辅助汽油内燃机。这项发明的独特之处在于能够把汽车时速提高到 25 英里的惊人水平。遗憾的是，纯汽油发动机不久就达到了这个水平，把混合动力车挤进蒸汽车、纯电动车等失败者的行列。

具有划时代意义的 1997 年下线的第一代普锐斯创造了汽车技术发展的奇迹。普锐斯通过“动力分流”装置，将汽油发动机的动力分别用于直接驱动车轮和给发动机发电，由发电机驱动电动机，同时驱动汽车。动力分流处于持续变化之中，保证发动机时刻高效运行。不需要全部动力驱动时，汽油发动机分流部分动力来驱动发电机，给电池充电。汽车下坡或刹车时也可以充电。汽车在市区低速行驶的情况下，可关闭汽油发动机，汽车自动切换至由电池驱动。丰田推出的第一代普锐斯极大推动了电动车技术的发展，当时普锐斯的燃油效率从每加仑40 英里提高到了 55 英里，而且加速能力提高了 1/3。现如今，丰田已占领了混合动力车大约 77% 的市场，紧随其后的本田，这一比例为 16%。普锐斯成为目前最畅销、最知名的电动车品牌。

普锐斯开创了混合动力汽车先河，也是市场上大获成功的产品。1997 年 10 月新车发布，到一个月后的 12 月份，订单达到创纪录的 3500 辆，并获得年度风云车大奖。不过当这款汽车诞生之初，批评人士曾对它冷嘲热讽。当时美国汽油价格还很便宜，所有人都驾驶大块头的 SUV。2014 年普锐斯第三代都已问世。自 1997 年以来，普锐斯在全球各地累计卖出了300 万辆。它的成功引得竞争对手争相效仿，目前市面上已有超过 50 款混合动力车型可供消费者选择。迄今为止，普锐斯依然是最炙手可热的车型，目前美国保有的混合动力汽车大约七成是普锐斯。

创新者的答案

好像每个预言家都知道，丰田的普锐斯并不代表未来汽车的方向。不过，在当前燃料不断变化的高风险背景下，混合动力汽车显然可以降低风险。不管未来汽车动力的发展方向是乙醇，还是充电式或者氢燃料电池，普锐斯作为混合动力技术的先驱，都是未来所有类型汽车发展不可逾越的跳板。

近几年电动车风潮涌起的时候，丰田仍在研制并推出不同的混合动力车型。何以如此？一者，电动车需要充电，在充电网络未搭建完成的现阶段，这会让用户感觉不便；二者，丰田的混合动力技术包含了电动车的技术，由混合动力转换到电动车轻而易举；当然，可能更重要的原因是，丰田混合动力车占据市场领先地位，厂家担心开拓出完全纯电动车领域，会侵蚀垄断地位带来的利润。

丰田躺在安乐椅上，不安分的创业者们可按捺不住了。充电汽车或许可以创造未来，但它是从改装普锐斯开始的。特斯拉汽车得以成功，也是普锐斯所赐的灵感。历史的车轮，已行驶到超越普锐斯的阶段。

一位叫格雷格·汉森的美国人改装了普锐斯，他的“简易”创新震惊业界。汉森 2006 年夏天在一场汽车行业会议上揭开了充电式普锐斯的神秘面纱，这辆车可在私家车库接入电网进行夜间充电，他的天才创意引起了极大的轰动。他向与会者介绍了充电式混合动力车的原理后，全场起立鼓掌。

和很多伟大的创意一样，汉森的技术创新并不太难，大致有三个步骤：破解普锐斯的管理软件；把普锐斯原装的一小块蓄电池换成一块大型锂电池；加装充电装置。改装而成的充电式普锐斯受到了市场的认可，汉森成立了 Energy CS 公司，并与其他公司联手，对外提供充电改装服务。

汉森的技术创新引发通用汽车、福特竞相投入插电式混合动力车的怀抱，后来丰田也推出自己的插电版普锐斯。汉森改装的普锐斯拥有动力强劲的电池，即目前应用于笔记本电脑的锂电池，这间接触发了特斯拉电池创新的灵感。汉森改装车的意义远远超出了丰田汽车，超出了普锐斯本身。充电式汽车引发了市场对电池动力车的兴趣，一些制造商开始寻求再次搅活纯电动车市场的机会。

但是，也许未来不属于现在占主导地位的产业巨头，而是属于目光敏锐的外来竞争者和超前的思想家，艾伯哈德就是这样一位外来竞争者，他创建的特斯拉汽车公司正在颠覆整个汽车市场。

在日本较为成功的丰田普锐斯，从 2000 年开始进入美国市场，起初销量平平，在2000—2002年，每年的实际销量与公司制定的目标相近，但2003年以后，普锐斯在美国市场的销量呈现井喷式增长，这是连丰田公司也始料未及的。特别是在2007年，普锐斯的实际销量是计划销售目标的10倍以上，当年普锐斯在美国的预期销量是1.8万辆，实际销量却达到18万辆之多。

艾伯哈德认为，在美国市场，人们购买普锐斯不是为了节省油费支出，而是希望通过这款车来表达一种对环境问题的态度。那一定存在一个高性能纯电动车市场，更能表达车主对环保的态度。于是2003年7月，艾伯哈德与他的长期合作伙伴马克·塔彭宁携手创办了特斯拉电动车公司。两位创办人没有自己的工厂，也没有自己的专利技术，经过多方面权衡，他们看中了AC Propulsion公司的技术，这家公司在20世纪90年代曾是通用EV1电动车的主要开发公司之一。

利用通用EV1电动车的相关技术，在产品制造方面，外包给一家现有的汽车制造厂，就这样七拼八凑，特斯拉公司启动了。这种“山寨”的造车方式有着低成本、制造周期短、可靠性强的优势。即便这样，资金压力一直是特斯拉电动车公司最头疼的问题。

2004年，当AC Propulsion公司CEO汤姆·盖奇得知马斯克对自己公司的电动车技术也很感兴趣时，便将马斯克介绍给了艾伯哈德和他的特斯拉团队。

研制电动汽车极耗资金，很快艾伯哈德就扛不住了，他需四处融资化缘。在第一轮募资中，马斯克决定向特斯拉公司投资 630 万美元，条件是他将拥有特斯拉电动车公司所有事务的最终决定权并出任董事长。资金枯竭之下的艾伯哈德别无选择，控制权拱手相让，自己仅担任 CEO，这也为未来埋下了隐患。

依照创业之初的设想，特斯拉电动车公司的产品定位于高端、高性能运动型电动车，Roadster 就是特斯拉电动车公司的第一款产品，Roadster 是以英国路特斯品牌的 Elise 跑车为基础打造的。从研发 Roadster 开始，马斯克也认可创始团队对特斯拉电动车高端消费产品的定位，这是一个十分“务实”的战略部署。

虽然最初创业选择了互联网，但马斯克对电动汽车的热情始终不曾减退，一直关注着这一领域的发展。“当我做互联网公司的时候，我还以为大汽车厂商会造出电动汽车来，不需要创业公司来做了。”马斯克回忆道。但事与愿违，马斯克看到了通用汽车的 EV1 电动汽车在技术上和商业上的惨败。1999 年，在推出 EV1 仅三年后，通用汽车关闭了该车的生产线。马斯克开始相信，大公司已经失去了研发电动车的动力，需要创业公司出马，来证明电动汽车足以吸引消费者。

马斯克进入特斯拉公司之后，一直扮演着积极角色，影响汽车设计的每一个细节，不过，他没有执掌大权，特斯拉主要在艾伯哈德主导下按既定战略展开。特斯拉在建立之初，几位创始人就制定了非常清晰的三步走战略。第一阶段是制造出小批量的高价车，以证明电动车的可行性和特斯拉的技术，Roadster即是第一阶段的产物；而在第二阶段，就是把消费者群体扩大，造出性价比更高的车，并逐步实现盈利，后来车型 Model S 和 Model X 即是为第二阶段开发的；最后一阶段，特斯拉将生产 3 万美元以下的面向大众的电动车，到时候特斯拉的目标就是全面取代汽油车。根据马斯克的设想，这款大众车将在 2016 年左右面市。

当然，这只是设想，特斯拉创立十年来，曾经一次次走到悬崖边，在任何一个节点放弃，都不会有今天的特斯拉。“那种感觉就像是一边嚼着玻璃，一边凝视着死亡的深渊。”马斯克曾经在一次对话中这样表露心境。

马斯克是坚定的“电动派”，对于汽车大厂力推的混合动力车持坚决的否定态度。“有一段时间，我们在特斯拉也考虑做一款插电式混合动力车，但是开始详细设计后，我们发现这样是不可能造出一辆好车的。如果你是工程师，给你既定的成本、重量和体积数字，你能造出一辆好的电动车，或者一辆好的汽油车，但你没办法把两者合在一起。在我看来这就是不可能的。”

马斯克认为，机动车转向电力驱动是革命性的。内燃引擎让人们高度依赖石油，但电力可以以多种形式产生：烧煤、核反应、水电、风电或太阳能电力。在电力驱动车的世界中，所有以上发电形式都能参与竞争，以带动创新。更重要的是电动引擎天然地比内燃引擎更高效。“对我来说，交通工具应该百分之百地由电力驱动，除了火箭。”马斯克认为。

大企业不创新

某种程度而言，“大企业不创新”是成立的。在 20 世纪，新的、重大的创新都不是来自当时的大企业。铁路公司没有孕育出汽车或卡车，它们甚至从未尝试过。虽然汽车公司尝试过航天领域的开创性工作——福特和通用汽车公司都是航天和太空的开路先锋，但今天所有大型飞机和航空公司都是从独立的新企业中发展而来的。20 世纪 50 年代，电气工业的每一个巨人，美国的通用电气、西屋和美国无线电公司，欧洲大陆的西门子和飞利浦，日本的东芝，都一窝蜂地挤入计算机产业，但是没有一个取得成功。结果是 IBM 独占鳌头，那时的 IBM，充其量不过是一个中等规模的公司，而且根本就不是高科技企业。

大企业不创新，首先是受“大”的困扰。一个成功的大企业，比如每年的营业额在 200 亿美元，即使仅仅维持相对较低的 5% 的增长速度，也需要每年增长 10 亿美元左右的销售额。如果原有的业务无法提供这样的增长，那么它只能寻找新的增长点。为了满足一个 10 亿美元的年增长额，大型企业很难对小业务产生兴趣，它们必须去做大的业务，足够提供年增长额

5 亿美元、10 亿美元的业务。然而真正的创新型业务往往是在很小的时候才有最大的潜在价值，当大企业真正清楚地看到一个足够大的业务，可以带来 10 亿美元的营业额的时候，往往这些业务已经相当成型，进入了“看不懂，学不会”的阶段了。

大企业有非常大的现有业务，为了保证稳定的现金流、出色的股市表现，如果一个创新会影响它现有的业绩的话，企业将没有动力甚至会遇到极大的阻力去引进创新。担心对现有业务造成损伤是阻碍成功企业转变的至关重要的制约因素。

开创全新的领域，需要摸索出全新的规则，建立全新的商业逻辑。对旧的产业巨头而言，这些并没有太多优势。但对新兴崛起者来说，却又意味着极大的挑战。意大利文艺复兴时期的思想家马基雅弗利曾说：最难上手、操作最有危险的和成功最难预测的莫过于第一个引进新的秩序。创新者树敌重重，其中包括在旧秩序下事业有成者和三心二意的抵御者，因为这些人在旧的秩序下更有可能成功。

在 20 世纪 20 年代，当美国电报电话公司试图卖掉电影录影室的时候，华纳兄弟已经比别人提前一年就意识到了这种商机。以《爵士乐歌手》为开端，他们利用新技术开创了事业的高潮。他们自己也从二流电影制片公司一跃成为最大的电影制片公司之一。这种地位一直保持到今天。

汽车领域、航空领域、计算机产业，这些全新领域的开创需要重新确立新规则。在同一领域的破坏性创新，则需要对一个行业的“进化曲线”所处的位置理解得非常透彻，能够勇于破旧立新。

罗斯柴尔德家族从 18 世纪初开始一直主宰着世界金融。然而，他们未能了解跨大西洋移民潮的意义；他们认为只有“社会渣滓”才会离开欧洲。结果 1870 年左右，罗斯柴尔德家族就失去了主导地位,最后仅仅成为非常富有的个人。罗斯柴尔德家族的事业被摩根家族接管。老摩根的“秘诀”是一开始就认准了跨洋移民，知道它的深远意义，把它当作一个机遇。于是他在纽约，而不是在欧洲建立了一家世界性银行，作为这些移民可能创建的美国工业的融资媒介。1830—1860 年，它仅花了 30 年的时间便将西欧和美国东部从以农民和农场为主的社会文明转化为工业化的大城市文明。

1878 年年末，西部联盟公司已经拥有了 5.6 万台电话的市场份额，贝尔公司不过是一个小角色。不过，西部联盟公司的电话业务只可能作为电报业务的副产品存在，最后贝尔公司成为电话寡头。这些创新企业的案例都表明，抓住行业发展特点，把握住技术（市场）拐点时机，是超越旧有巨头难得的好机会。

已有众多例子证明，占统治地位的公司会主动放弃自己的创新技能，以避免侵占核心产品已有的市场份额。20 世纪 80 年代和 90 年代，通用汽车公司本可以占领电动车市场，考虑到自己的主营内燃机业务会因此凭空多出一个对手，最终放弃了自己的前沿产品。

美国的钢铁产业与汽车产业的发展路径相似,这二者的创新有可比性。

美国钢铁工业曾经是世界一流的，到了 20 世纪 60 年代，由于技术和方法落后、设备陈旧、管理方法滞后以及观念滞后的影响，美国的钢铁工业在与日渐兴起的日本和韩国的钢铁工业的竞争中败下阵来。为了生存下去,这个行业中的主要企业，如美国钢铁公司、伯利恒钢铁公司，不得不精简自己的机构，裁减多余的管理人员，减少浪费，采取新的态度，取消管理人员所享有的开支很大的额外津贴，开始真正严肃对待所面临的竞争。

这是一项艰苦的转化过程，触及了钢铁工业的核心。实际上，老钢铁企业的领导人自己没有能力完成这一变革，而一些有着创新精神的新公司，如纳科尔钢铁公司，却逐渐壮大起来，甚至接替了这些老企业的领导地位。这个痛苦的过程持续了许多年。

熊彼特的“竞争”理论认为，新企业的崛起需要“凭借新产品、新技术、新货源、新流程的竞争”。引发这种竞争的新产业具有自身产品成本或品质上的绝对优势，它们要做的不仅是挑战现有公司的利润率和产出率，而且是撼其根基，绝其命脉。熊彼特将此过程称为“创造性的毁灭”。

古老的汽车产业，遇到了相同的处境。纯电动汽车的发展契机，不管是对旧有产业的颠覆，还是升级，都需要不迷信权威、愿意打破游戏规则的创业者发动，需要整个系统的变革，而系统变革又多以技术创新为切入点。

汽车 X 大奖赛幕后推动者坚信，技术创新一般不会在恐龙企业出现，他们想把 X 大奖赛对航天飞行技术所起的推动作用，挪移到对汽车技术的影响上来。他们希望注入些“创造性毁灭”的力量。

X 大奖赛是一项推动社会和技术进步的创新慈善活动，其幕后推动者是性情粗暴、作风强硬的彼得·戴尔曼迪斯（Peter Diamandis）。X 大奖赛设立了丰厚的奖金，用以鼓励技术创新的突破。

商业大亨彼得·戴尔曼迪斯创办的公司有 12 家之多，最初的几家旨在成为社会科技推进器，扫清人类殖民太空的道路。之后，作为 X 大奖基金会（X Prize Foundation）的创始人和奇点大学的联合创始人，戴尔曼迪斯把精力投入在了亟须解决的地球问题上。

作为在阿波罗登月时代成长起来的孩子，戴尔曼迪斯一直期待着美国政府开辟外层空间殖民地。但美国国家航空航天局数十年来表现得如此“畏畏缩缩”，令他最终确信，只有建立私人太空行业才能实现这个目标。戴尔曼迪斯的突破性想法借鉴了 20 世纪初的一个聪明点子：奖励大笔现金给那些达到飞行里程碑的人，民用航空业就可以通过不断的竞赛和创新获得发展。

第一届 X 大奖赛是为推动航天飞行技术而设。几十年以来，美国国家航空航天局、麦道和波音公司以及其他顶尖航天研究机构的科学家和工程师，一直坚持认为只有政府才能推动太空飞行的实现。他们认为航天事业对私人投资者来说，风险过大，要求资金过多，技术过于精密。

不过，戴尔曼迪斯认为掌权派错了，他曾经在麻省理工学院接受过先进的航天专业知识训练，他很清楚在理论上，设计和建造小型太空船并非不可能。其发展的障碍主要是商业化：没人曾经尝试过，大亨们没有兴趣鼓励实验创新。于是，他设立了 X 大奖赛。

在航空领域，成功与捧起奖杯是分不开的。1912 年 12 月，法国实业家、驾驶气球的狂热爱好者雅克·施奈德为一项水上飞机竞赛设立了奖杯。参赛飞行员需要在五年内赢得三次比赛，才能最终赢得这个奖杯和 75000 法郎的奖金。1919 年，旅馆业巨子雷蒙德·奥泰格设立了奖金为 2.5 万美元的“奥泰格奖”，以奖励第一个横跨大西洋、从纽约直飞巴黎的人。最终该奖由查尔斯·林德伯格于 1927 年摘得。

彼得·戴尔曼迪斯在千禧年宣布创立“X大奖”，商业太空之旅掀起了新一轮冲击波。其竞赛规则是：用自制飞行器将3位乘客送到距地球100公里外的太空，然后安全将其接返地球，并能够在两周内重复上述载人飞行活动。痴迷于科幻小说，过着隐居生活的亿万富翁、微软共同创始人保罗·艾伦资助的“太空船”1号参赛团队摘得了安萨里X大奖的重磅奖金。2006年6月21日搭乘3人的“太空船”1号在距地球100公里外的太空遨游，这标志着商业太空飞行取得了重大的突破性进展，彻底打破了载人航天飞行项目由政府主导的历史。

戴尔曼迪斯想在汽车工业重复X大奖赛的神话。他高薪聘请了高新技术孵化公司“创意实验室”的传奇人物马克·古德斯坦，两人携手创办了新的汽车X大奖赛，旨在促使用每加仑汽油可行驶100英里或更远的超低能耗汽车技术的发展。

简称为AXP的汽车X大奖：1辆汽车，100英里行程，1加仑油耗，100万美元奖金。4个数字简要地概括了这项继激发了伯特·鲁坦、理查德·布兰森、保罗·艾伦等太空极客的太空X大奖后，又一项旨在促使汽车和环保技术狂人挑战极限的比赛的终极目标。

“在全球燃油价格居高不下的情况下，寻求减少汽车能源消耗和降低温室气体排放的有效方案是一件迫在眉睫的事情，”彼得·戴尔曼迪斯表示，“汽车制造巨头总是沉溺于那些陈旧的解决方案，我们如果成功，那简直就直接可以把我们以前的座驾送进历史博物馆。但是问题在于，汽车制造商坚持，只有当足够的需求出现时，他们才会建造新型环保节能车，而消费者则认为他们只有在这些汽车真正走下生产线时才会购买，AXP的目的就在于打破这个僵局。”

创始人出局

从推进汽车环保技术发展这一目的看，特斯拉汽车公司与X大奖赛这类公益项目是相同的，不过它要面对更残酷的商业淘汰法则。

在Roadster电动跑车的制造过程中，马斯克与公司创始人的矛盾慢慢显露出来了。比如在设计环节上的分歧，艾伯哈德希望Roadster的车身使用玻璃纤维材质，以求在轻量化的同时还可以减少成本。而在马斯克看来，他希望Roadster拥有完美的车身造型以凸显其豪华感，一句“卖10万美元的汽车，不能看起来像个垃圾”，表达出了马斯克专横的一面，或许他的想法是对的，但这也让艾伯哈德渐渐感受到，公司将要脱离他的控制了。

在马斯克的执意下，Roadster的制造成本逐渐提高，与此同时，这也使得车辆零部件供应商的生产节奏受到影响，就连双级减速器也没有研制成功。在2007年6月，距离预设的投产日期仅剩两个月，负责路特斯生产车间的人员明确表示，根本不可能如期完成任务。然而更糟的是，品质的提升致使制造成本上涨至超过 10 万美元，这也让此前在融资过程中向投资人阐述的 6.5 万美元的成本成为泡影，特斯拉电动车公司也因此受到了投资人的质疑，陷入了困境。

制造成本巨幅上升，投产计划受挫，艾伯哈德要为此负责，在一次董事会上，他被撤销了 CEO 的职务，随即他离开了这家亲手创办的公司。

职场的残酷在于，保持在场内的话，错误可以挽回，声誉可以再次赚回，而出局则意味失去了验证的机会。特斯拉汽车 2008 年陷入破产境地，与马斯克对豪华感的追求有关。待他反省过来，制造符合实际的电动汽车时，意见对立面的创始人已经离开。也就是说，公司暂时的受挫让马斯克受益，此后他开始大权独揽。

艾伯哈德的离开是公司话语权争夺战的结果，此役中，资本方取得胜利。创始人被资本方以各种理由赶出（当然都是在公司处于困境时），此类现象在商界中屡屡出现。爱迪生在公司合并之后，被迫离开 GE；通用汽车创始人杜兰特两进两出，两次都是被赶出来。老福特创办生产 T 型车的福特汽车公司之前，有过两次创业，都是被资本方赶出来的。苹果公司创始人乔布斯、芭比娃娃之母露丝 · 汉德勒等都被赶出自己一手创立的公司。被赶出公司，依旧可以卷土重来，或者另起炉灶证明自己。硅谷连续创业家艾伯哈德贡献了电子书、高性能纯电动车的超级创业点子，且付诸了实施，下一次重现江湖一定还能一鸣惊人。

其实埃隆·马斯克也有被驱赶的经历，只不过后来因为 SpaceX 公司及特斯拉公司的成功，很少被人提及而已。

2001 年，马斯克的 X.com 公司与彼得·泰尔和麦克斯·拉夫琴创立的 Confinity 公司完成合并，组成 PayPal 公司，合并后不久泰尔选择辞职，由马斯克出任 CEO。

彼得·泰尔的领导风格别具一格，在 PayPal 期间，他采用了一种完全开放的方式，让所有员工看到客户记录、营收流、欺诈损失，以及资本支出等方面的数据。在 PayPal，几乎不存在管理层级。曾担任过 PayPal 高级副总裁的雷德·霍夫曼也是 PayPal 企业文化的坚定支持者。他说："PayPal 到处都充斥着这样的声音：'这是我们的论点，这是我的看法'，而不是'按照我的经验'。"

显然，马斯克不是 Confinity 这个群体管理哲学的信奉者。他是管理强硬派，在一次系统迁移业务的决策上，马斯克引起了 PayPal 泰尔帮的众怒，被群起攻之，被迫卷铺盖走人。

马斯克当时认为，PayPal 应当进行一次大规模技术升级，淘汰 Unix，全面移植到微软平台。旁观者或许会认为，淘汰 Unix 也许无关痛痒，但对 Unix 的狂热支持者拉夫琴和旗下团队而言，这是一个让人无法接受的决定。大战随即爆发，最终的失败者是马斯克。eBay 董事会决定请回泰尔，解聘马斯克，当时他正在前往澳大利亚度假的途中，马斯克仅担任了 7 个月的 PayPal CEO。

直到现在，马斯克仍然为自己当初被解雇愤愤不平。他说："泰尔和我是两种完全不同的人。泰尔的哲学非常奇特，与常人不同。从投资的角度来看，他是一个异类，而我是一个正常人。"

实际上，这是因为 X.com 与 Confinity 的企业文化相差甚大。很多 X.com 员工在 PayPal 待的时间都不长。著名网站 Yelp 的首席执行官、曾经在 X.com 担任工程师的杰里米·斯多普尔曼表示："X.com 和 Confinity 曾经是竞争对手，这让人感到难堪，而这种难堪最终演化为了冲突。大多数 X.com 员工选择了离职或者被解雇。"

也有不少人站在马斯克一边。在 PayPal，许多经历了 X.com 与 Confinity 合并事件的同事认为，马斯克非常擅长稳定公司局势，并确保其能够更流畅地运行。PayPal 首任 COO 大卫·萨克斯承认："对于 PayPal 未来的发展，马斯克非常有远见。他曾预计，PayPal 会成为一家掌控全球业务的大型企业。"

对于马斯克亲力亲为的工作风格，萨克斯则提出了不同看法。他指出："所有的一切都取决于马斯克如何评价你。对于工作，他要么认为你表现非常出色，要么认为你表现非常糟糕，从来没有中庸的看法。如果他认为你表现不好，那么情况就很危险了。”

2008 年初，马斯克将艾伯哈德排挤出局，由创立电脑存储器企业而名声大噪的泽夫·德罗里接任 CEO，2008 年 10 月，马斯克亲自担任 CEO，德罗里于同年 12 月离开。

创始人出局，我们总为之惋惜，不过特斯拉创始人的离开，则少了这方面的凄凉。因为艾伯哈德离开的两年内，特斯拉一直都处在破产边缘。另一角度而言，是马斯克给了特斯拉第二次生命，马斯克以创始人精神特有的执着、置之死地而后生的信念，苦苦支撑，最终得以渡过难关。

第一辆 Roadster 最终还是从路特斯的生产线上开了下来，最先下线的 7 辆 Roadster 被赠予公司的重要投资人和创始人，包括谷歌创始人的拉里 · 佩奇以及 eBay 创始人、首任 CEO 杰夫 · 斯科尔，当然，这其中也包括公司创始人马丁 · 艾伯哈德和马克 · 塔彭宁。随后，Roadster 进入量产阶段。

只差三天就破产了

经济活动的本质在于以现在的资源，实现对未来的期望，这就意味着不确定性和风险。

你选择了创业，就意味着你已经准备好了应对足够多的困难：资金不足、技术无法突破、没有客户认可、合作者的背叛、商业伙伴的欺骗、比你强大得多的竞争对手的恶意打压、无数次地被拒绝等，哪件事都够你受的。

对创业家来说，坚强是必需的，技术研发、市场推广、寻求投资……哪件事都需要亲力亲为，干中学、学中干在这个阶段体现得淋漓尽致。

煎熬的过程，只有创业者自知。很快马斯克就走到了极其难耐的煎熬之中。

从 2004 年到 2006 年，特斯拉公司的员工人数由 20 人增至 150 人，但首款车型 Roadster 的研发工作遭遇了瓶颈，迟迟不能交付使用，成本居高不下，资金链面临断裂，变速箱也是个苦恼的问题，一直不能通过美国交通部的测试，不得已，特斯拉大幅提高变速箱的成本，将原本的晶闸管替换成了更加先进的 IGBT（绝缘栅双极型晶体管）来控制功率，以牺牲部分性能为代价换取产品通过质量验证。

2008 年 10 月，第一批特斯拉 Roadster 下线并开始交付。由于成本严重超过预算，原计划售价 10 万美元的 Roadster 实际成本最后高达 12 万美元，马斯克不得不将售价提升至 11 万美元。这一举动引来预订客户的极大不满，在洛杉矶举行的客户见面会上，愤怒的购买者围攻马斯克，使他差点晕倒。不过，即使将售价提高 1 万美元，特斯拉依旧面临赔钱卖车的窘境，眼看就要面临资金链断裂的尴尬。

2008 年美国次级债引起的全球金融危机席卷而来，这一年也是马斯克的最低谷。SpaceX 公司也面临困境，三次火箭发射都失败了，数千万美元的投入化成爆炸后的大火球。因为研发成本过高，特斯拉也濒临破产。这雄心勃勃的两个公司只相差 400 英里，马斯克心力交瘁，恨不得分成两半去分别拯救它们。

特斯拉在 2008 年秋季的收支变得困难起来，尽管制造 Roadster 的成本通过与多家供应商协调后进一步降至约 9.5 万美元，然而，接下来的情况无本质性好转，公司账上现金不足 50 万美元，给员工发薪都成为问题，特斯拉走到了破产边缘。这时，各种嘲讽声涌来。不少人奚落他根本就是汽车业的门外汉，落到这种地步完全是咎由自取。“那些等着看笑话的人差点就如愿以偿了。我每天几个小时几个小时连续发疯似的工作。”他说。他的第一段婚姻也在那时亮起了红灯。马斯克对此的解释是：压力下，一些东西会破碎——就像在解释一个物理学常识。

金融危机正愈演愈烈，没有人愿意把钱投给一个卖相类似于法拉利的环保跑车公司，或是为自己预订一个太空旅行的位子。马斯克站在特斯拉的办公室里，环顾四周，对员工们说：“要么我自己投钱进去，要么公司倒掉，我不会马后炮地说如果我之前做了什么，现在就不会这样。”于是他写下了 300 万美元的支票，他的最后 300 万美元。他还劝说其他投资人，包括亲兄弟将个人财富投入到公司中去。解决了特斯拉的问题，他的下一个问题变成明天向谁借钱花，所有的钱都得和朋友借，包括房租。“特斯拉有很多次接近破产，到 2008 年末的时候，我们还差几天就破产了，就差三天。”“有一瞬间，我觉得我失去了所有东西，婚姻、公司都完蛋了。”他说。

这时，一个关键性的转折出现了，马斯克使出浑身解数，最终抓住了与德国戴姆勒公司的合作机会。

为了解决困境，特斯拉开始联系其他汽车厂商寻求合作机会，它当时唯一可以依赖的就是自己的电池动力组技术。2008 年 11 月，正在为资金发愁的马斯克突然接到了戴姆勒公司工程主管的一封电邮，说会在六个星期后访问特斯拉位于硅谷的总部。马斯克之前曾经专门飞往德国斯图加特向戴姆勒高层推销电池动力组技术，但那次会面并没有打动戴姆勒。

这封邮件让马斯克看到了希望，他立刻打电话给首席技术官斯特劳贝尔，“我们要在六个星期里把戴姆勒的 Smart 车改装成电动车，你能办到吗？”

斯特劳贝尔知道很困难，但还是接受了这个任务，他停下手头的一切工作，召集所有的工程师进行研究。他们首先发现的问题是，戴姆勒的 Smart 车在美国根本没有销售，于是斯特劳贝尔立刻让一名工程师拿上护照和现金，跳上了一架前往墨西哥的航班。三天后，一辆全新的 Smart 停在了公司总部门口。

在接下来的五周时间里，斯特劳贝尔和他手下的工程师将车上的汽油发动机拆卸，装上了特斯拉的电池动力。当一切准备就绪，斯特劳贝尔将改装完成的 Smart 泊在停车坪上时，所有人都精疲力竭。

几天后，戴姆勒的工程主管来到特斯拉总部，马斯克依然先展示了一份 PPT，仍然没有打动德国人。于是马斯克说：“那让我带你看一样新东西。”

马斯克带着该主管来到车库，向他展示眼前的这辆 Smart。

“这是电动的。”马斯克轻描淡写地说道。

“什么意思？”主管一开始没有反应过来。

“我是说我们用特斯拉的电池动力组替换了 Smart 原来的发动机。”

这位主管大为惊讶，因为眼前这辆车完全看不出改装过的痕迹，而在试驾之后，他立刻被特斯拉电池组的出色性能折服。戴姆勒公司正为加快对电动车的发展进程而寻求合适的合作伙伴，经过评估，特斯拉电动车公司成为最终选择，2009 年 5 月，戴姆勒投资 5000 万美元购入特斯拉约 10% 的股份，这让特斯拉换得喘息之机。

作为特斯拉的联合创始人，首席技术官斯特劳贝尔见证了特斯拉成长的全过程，在他眼中，2007—2008 年是特斯拉最危险的时候。2007 年 9 月，预售价为 11 万美元的特斯拉第一代电动车 Roadster 因为变速箱改进，成本飙升到 12 万美元，这也意味着汽车还没有开卖就要赔钱了。一位经历过当时“内乱”的特斯拉前员工形容说：最坏的时候，6 个月换掉了 11 个 VP，换掉了 2 个 CEO，创始人艾伯哈德与马斯克两人闹上法庭，弄得鸡飞狗跳，“但是马斯克这个人不错，他个性很强，认准的事情他一定干”。

“你知道吗？我们现在看起来很成功，但实际上我们在过去 10 年有很多次快死了。”斯特劳贝尔这样形容道。

斯特劳贝尔认为：“如果没有埃隆，可能我们已经死了。”斯特劳贝尔对电动车的热爱起始于他 14 岁时对一辆被遗弃的高尔夫电动车的探索，从此他疯狂喜爱上了电动车。他在斯坦福大学学习工程时认识了马斯克，并一见如故。对电动车的热爱让两人结下了友谊。

“因为我们俩都是最优秀的工程师。”斯特劳贝尔自豪地说道。没有人会认为他在吹牛，因为他开发的电池动力系统目前是特斯拉汽车的核心技术。

除了戴姆勒决定投资外，马斯克个人的钱袋子又鼓了一次。当时，戴尔公司决定出资 1.2 亿美元收购 Everdream，马斯克是 Everdream 的大股东。马斯克回忆说：“这笔钱是 2009 年年初到位的，它补足了我的资金。感谢上帝。”

这些投资把特斯拉从悬崖边拉了回来，特斯拉的资金情况也逐渐好转。2009 年时任美国总统奥巴马和当时的美国能源部长朱棣文参观了特斯拉工厂，特斯拉成功获得了美国能源部用于支持 Model S 车型研发生产的 4.65 亿美元低息贷款。由于 Model S 大出所料地成功，特斯拉于 2013 年 5 月提前还清了 2017 年才到期的贷款，比福特等汽车巨头还款早了许多。

紧接着，丰田汽车宣布向特斯拉注资 5000 万美元，并以低价将加州标志型工厂转让给特斯拉，供其生产 Model S。2010 年 6 月，特斯拉最终在纳斯达克成功上市，特斯拉的危机最终被完全化解了。

特斯拉的上市是自 1956 年福特汽车上市 50 年以来，美国第一次有新汽车公司 IPO。上市后，马斯克力挽狂澜，账面上增加了 6.3 亿美元，这意味着他将有能力率领公司朝更伟大的目标迈进。

大赌大赢

“他对未来有疯狂的展望,他认定的就一定会做到底。再花2000 万美元制造一个可能会爆掉的火箭？他不在乎。”在特斯拉面临破产时,马斯克把自己身家全部押上这一件事上,PayPal联合创始人麦克斯·拉夫琴这样评价。

2011 年末，马斯克面对媒体，坦承当时将所有的未来赌在火箭和电动车上很冒险。但他话锋一转，“若我不这么投入，才是最大的冒险,因为成功的希望为零。”“做企业就像吃玻璃，以及凝视着死亡的深渊……如果这看起来很吸引人的话……”他露出意味深长的微笑。

“我不想让公司死，因为这个赌注太高了，不仅是因为特斯拉，而且是因为它会导致电动车产业的巨大倒退。”回想2008 年的情景，马斯克庆幸自己只是在吃玻璃，离死亡还有点距离。

孤注一掷，大赌大赢，几乎成为每一个商业领袖级人物的必备经历。

1965 年，美国波音公司做了其历史上最大胆的行动之一，研发747巨无霸喷气式客机。在最终的决策会议上，一位董事说："要是计划不成功，我们总还可以抽身吧？"当时波音公司的CEO威廉·艾伦听闻此言，强硬地回答说："抽身？如果波音公司说要制造这种飞机，就一定要造出来，即使耗尽公司的全部资源也要造出来！"无疑，波音公司冒了巨大的风险，也下了巨大的决心和投入。但是，如果没有这次大赌，也不会有其后统治客运飞机制造行业的30年辉煌时期。

成功的战略在初期一定带有大赌的味道，而准确地判断并果断地承担风险是一个成功战略家的必备素质。

1997年的亚洲金融危机几乎使韩国三星株式会社濒临破产。当时，消费者对三星品牌的认识主要来自低端的电视机、微波炉等普通家用电器。然而6年之后，三星已经成为全球最成功的高档电子产品制造商之一。

如果三星局限于传统的电子和半导体生产，无论如何努力也很难有今天的成就。而其真正的突破则始于1993年就开始的豪赌，正是由于倾全力开拓数码时代，三星才能全面赶超索尼。2003年，三星董事长和索尼董事长分别被评为全球最成功和最失败的企业家。

在战略上突破，集中力量大赌也是中国企业成功成为世界一流的必经之路。从华为公司的成长经验中，我们可以一窥大赌的战略原则：什么样的大赌才符合战略要求，大赌不是盲目的赌博。

华为公司可能是第一家在核心技术上有所突破的、最接近世界领先水平的中国企业。华为的大赌，首先是有一个远大而明确的战略目标，在创立之初就提出了近乎疯狂的目标：做一个世界级的、领先的电信设备提供商。然后冒着巨大的风险，持之以恒地动用所有资源，义无反顾地去实现这一目标。

1987 年，任正非以 2 万元人民币创立华为。1992 年，华为的销售额首次突破亿元，却投资亿元研制 C&C08 机。年底国家严格控制信贷发放。身为民营企业的华为求贷无门，在倾其所有之后，并未轻言退却，甚至向大企业拆借利息高达 20%—30% 的资金。任正非清楚，此役只能胜不能败，败则必死无疑，“如果研发失败，我只有从楼上跳下去”。

华为经历了无数次研发挫折之后，终于在 1993 年推出 2000 门网用大型交换机设备 C&C08 机，实现了通信设备核心技术方面的第一次突破。这就是世界级通信公司华为成为优秀公司的起点。

卓越企业都有过大赌的时刻。

20 世纪 60 年代初，IBM 希望研发出 360 系统大型电脑，以彻底改变电脑行业的结构。但对 IBM 而言，360 系列若不能大获全胜，便是一败涂地。这笔当时最大的商业计划直接把 IBM 推向生死一线的边缘。据说，这项计划需要投入的财力比美国花在制造第一颗原子弹的“曼哈顿计划”上的还多。《财富》杂志称之为“IBM 50 亿美元的豪赌，可能是近代史上最冒险的商业判断”。

时任 IBM 董事长的小沃森感叹：“我们没有多少犯错误的空间。这是我所做过的最大、最冒险的决策，我为这件事苦恼了很多星期。但是，在我内心深处，我相信 IBM 没有什么事情做不到。”此番大赌的结果，直接导致 IBM 对主机几十年的垄断，实现大赢。

知名商业领袖唐纳德·基奥从自己的一生中总结出商界失败十诫，排在第一位的告诫是：“不愿冒任何风险。”基奥为可口可乐这个全球知名品牌效力了 31 年，于 1981 年成为公司总裁。1993 年 4 月从可口可乐公司退休之后，担任投资银行艾伦公司董事长，唐纳德·基奥还是伯克希尔·哈撒韦公司的董事。

“如果你想要失败的话，那么你就对未来战战兢兢吧。”唐纳德·基奥如是形容。当你获得一些成就之后，即便是很小的成就，你都不愿去冒险打破现状，这种心态也是人之常情。随着我们的生活变得越来越滋润、富足和舒适，放弃冒险的诱惑也变大了。

一个人想要去冒新的或者更大的风险以探寻新的可能性，其前提就在于他内心有一种还要把事情做得更好的不满足感，或是有一种除非马上采取措施，否则未来可能会遭遇到风险的预感，甚或是有一种更强烈的痛失机遇的感觉。

悲观主义者总是向我们宣传，世界从来都处于混乱之中，而且一直在走下坡路。但是，我们要活下去，心中就要有希望的火种，我们必须对周围的人有信心，我们必须相信自己还有明天，有成家立业、欣赏夕照和一路向前的希望。

豪华厂房

特斯拉初创时的宏伟商业计划分三阶段实施。首先开发高端、高性能运动型车，以证实电动车可行，也很酷；第二阶段推出能与宝马和奔驰类品牌竞争的豪华轿车；第三阶段是为大众生产大量的低成本电动车。这样的计划一直没有大的改变。

马斯克已成功实现了第一阶段的目标，特斯拉 2008 年推出了一款两座、名为 Roadster 的运动型车，2009 年年底美国政府同意从备选机动车基金中拿出 4.65 亿美元贷给公司，这促使特斯拉得以向第二阶段推进，即大规模生产一款很流行的，由 7000 多块锂电池组驱动的四门轿车，即特斯拉 Model S。

第一阶段没有自己的加工厂或许不算太坏，Roadster 的零部件加工大部分外包，只要有一小块地方，比如公司汽车展厅后面的车库，就可组装新车。但是 Roadster 受到较大欢迎，需要量产时，这样的条件明显难以达到要求。马斯克需要属于自己的大制造厂，就像加利福尼亚州弗里蒙特的巨大汽车制造工厂 Nummi 一样。

马斯克还特意跑到这家工厂想要参观一下，只不过当时工厂的负责人把马斯克当成偷艺的竞争对手，并未同意其参观要求。其实，特斯拉当时的情形并不足以让 Nummi 厂的负责人感到担心，因为 2009 年特斯拉的年产量仅为 800 辆，这在整个汽车行业来说，是非常少的数量，特斯拉只是新起汽车厂商中的又一个小角色而已。

Nummi 是一座巨大的汽车制造工厂，由丰田和通用汽车合资建造，从 1984 年起二者共同利用它年产 45 万辆车，工厂估值 10 亿美元。不过 2008 年金融危机摧毁了许多美好事物，也包括 Nummi 厂。2010 年美国汽车业正处在经济衰退后的紧缩过程中，通用汽车在 2009 年 5 月宣布破产后已无力维护 Nummi 厂，而丰田也计划于 2010 年 4 月让 Nummi 停产，寻求出售。当时的境况下，几乎无人会有兴趣购买这座占地 200 英亩的工厂，因此丰田汽车掌门人丰田章男向马斯克敞开了大门。或者可以这么说，世界上最大的汽车制造商向马斯克“求救”来了。

丰田章男是丰田家族第四代长孙，于 2009 年 6 月被任命为丰田集团社长，现任社长渡边捷昭引退为副社长，这意味着丰田家族自 1995 年丰田章男的叔父丰田达郎卸任后重新执掌丰田集团。

丰田章男是丰田公司已故创始人丰田喜一郎的孙子。丰田汽车从丰田吉佐的织布机厂开始，在 80 年内，不仅创下一个汽车公司的传奇，也浓缩了日本工业历史的进程，成为日本崛起的标志性企业，丰田汽车已成为世界第一的汽车制造商。

丰田章男毕业于日本庆应大学，和大多数日本家族企业的传人一样，章男大学毕业后并没有立即进入自己家的企业，而是在外面漂了几年。他在 27 岁回到丰田公司以前，一直在一家美国投资企业工作，那段工作让他对美国企业、美国的资本运作模式有了不少了解。从 1984 年进入丰田，到 2000 年开始任董事做高管，16 年内，章男从零开始学起，做过生产管理，推销过汽车，积累了成为一把手所需的各种技能。

斗转星移，没能得到进厂参观允许的马斯克，突然在 2010 年 3 月接到丰田章男的电话。丰田章男主动邀请马斯克参观 Nummi 工厂，其意明显，想试探马斯克是否有意愿购买该厂。

当马斯克参观工厂时，他被工厂的巨大规模、从未见过的大型设备、数千名员工的忙碌场面和大量汽车源源不断下线的情形惊呆了。这其实就是马斯克朝思暮想的属于特斯拉的工厂！不过，特斯拉的预算并不多，只能出价 4200 万美元。

之前，马斯克与丰田章男有点交情，2009 年 4 月两人初次结识，在诚挚地交换过意见后两人惺惺相惜。作为世界汽车界数一数二的厂商掌门人，丰田章男非常看重马斯克的创新理念和坚持创新的勇气。

丰田章男邀请马斯克参观了 Nummi 厂，马斯克也让丰田章男到特斯拉公司转一转。作为参加过世界级的 24 小时耐力赛车的赛车手，丰田章男在试驾过 Roadster 之后印象颇深，对这款电动车的评价也很高。他当时告诉马斯克，他来特斯拉拜访马斯克的目的，就是想让丰田公司能从像特斯拉这类创新型小企业中学到些东西。

2010 年 5 月，丰田公司决定向特斯拉投资 5000 万美元。同时，丰田还与特斯拉签订了共同开发电动车样车的协议，这也表明丰田公司同意了马斯克提出的以 4200 万美元收购价值 10 亿美元的 Nummi 厂的出价。

在宣布这宗交易成功后的新闻发布会上，丰田章男谈到了他试驾 Roadster 的良好感觉，以及决定与特斯拉合作下去的愿望。他称，丰田公司可以通过这种合作方式从创新型小企业身上学到创新精神和动力。当有路透社记者询问丰田章男，为何在多家电动车创业小企业中选择了特斯拉时，他坦承非常喜欢马斯克的人生观。

2010 年 6 月特斯拉上市，净入资本金 2.38 亿美元，公司实际上有超过 7 亿美元可灵活支配的资金，其中大部分被安排用于改造 Nummi 厂。马斯克勇敢而坚定地带着公司朝第二阶段的发展目标迈去。2010 年 11 月 12 日，丰田章男从马斯克手中接过一把车钥匙，这是特斯拉赠送给丰田章男的电动跑车 Roadster2.5，以示两公司的合作进展顺利。

Roadster2.5 是特斯拉自 2006 年开售的 Roadster 车型的第四款升级版，在老款基础上，Roadster2.5 修改了前保险杠、车尾分流器和轮毂造型，增强了降噪及动力控制效果并小幅升级了内饰配置，极速可达 201 公里每小时，最大输出功率为 288 马力，一次充电续航里程可达 394 公里，售价约 153 万元人民币。2010 年 11 月 12 日这一天，是特斯拉在亚洲的首个展示旗舰店开业的日子，丰田章男因此成为特斯拉在日本的首个车主。

Model S 传奇

如前所述，电动汽车不是什么新鲜事物。第一辆全电动汽车诞生的时间比内燃机汽车还早很多。美国人托马斯·达文波特 1834 年就制造出了第一辆直流电机驱动的电动车，1837 年，托马斯因此获得美国电机行业的第一个专利。伴随着内燃机技术的大幅提高和石油工业的大规模发展，从 20 世纪 20 年代至 90 年代的 70 多年时间里，电动汽车的发展基本都处于停滞状态。

直到环境污染、温室效应和能源危机引发人们对汽车尾气排放和燃料供应的担忧后，电动汽车在默默无闻近一个世纪后才又重新引起人们的关注。近 20 多年来，福特 Ecostar，丰田 RAV4，雷诺 Clio，雪佛兰 Volt，以及日产 Leaf，老牌厂家花重金打造的一款款电动汽车走马灯似的出现，但最后却都以叫好不叫座或既不叫好也不叫座的结局收场。充电时间长、续航里程短、容易损坏、维修成本高、配套设施少等电动汽车的各种不靠谱让人们对这个所谓的“划时代新能源环保汽车”已丧失了兴趣和信心，直到特斯拉的出现。

很多汽车厂商都喜欢把自己的电动汽车称为行业的"搅局者"，显然它们都成为了最后的失败者，在各大有着上百年历史的老牌汽车厂商裹足不前时，特斯拉却成为了名副其实的整个汽车行业的"搅局者"。

与众多企业从普通乘用车入手不同，创立特斯拉之初，马斯克就选择了一条由上至下的电动汽车发展路线。2006年8月2日，马斯克在特斯拉网站上发表了一篇题为"特斯拉的规划秘密（别告诉别人）"的文章，明确提出了未来的发展规划，即用售出跑车产生的利润来生产消费者买得起的车。

马斯克说的跑车即是特斯拉Roadster跑车，它彻底颠覆了人们对电动汽车的偏见。作为特斯拉的代表作，Roadster拥有功率高达215千瓦的电机和400牛·米的最大扭矩，百公里加速时间不足4秒，393公里的续驶里程更让许多汽油车望尘莫及。马斯克说，Roadster的诞生就是为了击败保时捷和法拉利这样的汽油跑车。"我的目标不是造世界上最快的电动汽车，而是造世界上最快的汽车，只不过这款车刚好是电动车而已。"

自2008年2月开始交付到2012年9月，售价高达11万美元的Roadster共售出2418辆。Roadster完成了证明电动车能超越汽油车的历史使命后，于2012年1月停产。它为特斯拉带来的利润被用来生产大众型轿车Model S。

在2008年末的整个金融危机中，特斯拉首席设计师弗朗兹·冯·霍尔兹豪森一直专注于新产品设计，他在2009年第一季度内就完成了Model S的样机设计。Model S命中注定就是脱胎换骨的新款式。它既有保时捷的性感斜线条，也有宝马的强健骨架。当Model S在众多观众前亮相时，吸引了大量吃惊的目光。马斯克骄傲地称，人们看到的不是一辆像以往那样名不副实的概念车，而是一辆有更大装载空间，并能快速行驶的新型车。

创新在马斯克的经营发展中总是处于首要位置。他总在做着颠覆前人观念的事情。特斯拉Roadster最初使用的底盘是来自英国、为路特斯轿车制造的底盘。以此为基础开发出的Model S的底盘，因使用电力驱动而节省了原来安置汽油发动机的大量空间，由此可让正常尺寸的轿车安排下三排座位。为此，马斯克要求设计师考虑把Model S设计成可乘坐7人的4门轿车。此举不仅是在推广电动轿车，而且是对轿车的概念重新定义。

特斯拉Model S的革命性突破在于大幅提升了续航能力，特斯拉Model S充满一次电后的平均实际续航能力是320公里，它把电动汽车的续航能力整整提高了两个阶梯。在特斯拉Model S出现前，电动汽车的平均续航公里数是150公里。这得归功于其车辆底部的电池组，这种电池组采用松下提供的18650钴酸锂电池，整个电池组包含约8000块电池单元。钴酸锂电池能量密度大，但稳定性较差，特斯拉为此研发了3级电源管理体系来确保电池组正常运作。Model S 按电池组可提供的电量有 60 千瓦时和 85 千瓦时两个版本。经美国环保署（EPA）认证，60 千瓦时满电后的续航能力是 208 英里，约 333 公里；85 千瓦时的续航能力为 265 英里，约 424 公里。

特斯拉 Model S 从静止到时速破百（公里）的时间只要 5.6 秒。而且这还只是 362 匹马力电动机版本 Model S 的成绩，拥有 416 匹马力的 Model S Performance，其加速至百公里时速时间更是能达到惊人的 4.2 秒！ Model S 的加速能力可堪比 V8 引擎的保时捷 Panamera S、捷豹 XJ 和宝马 7 系等。作为一款零排放的电动汽车，这种加速度让油老虎般的豪车都黯然失色。

Model S 内部最大的亮点就是中控台上的那台 17 英寸超大屏平板电脑了。它抛弃了传统汽车中控台上的一切旋钮、转轮之类的东西，车况信息、模式选择、悬挂调整、导航、娱乐等所有事项都是通过那台高分辨率平板电脑来进行的。

首席设计师弗朗兹·冯·霍尔兹豪森在谈起 Model S 的设计时几乎不能自已。“这就像苹果以 iPhone 带来的大转变，”他对于这款车为何采用触摸屏而不是通常的实体按钮解释说，“内饰给人一种简洁的感觉。这个触摸屏居功至伟。我们正朝着新的思维方式转变。对我来说，这就是那个 iPhone 的时刻。”

2013 年 8 月，在特斯拉汽车公司位于洛杉矶的设计工作室，上演了给汽车加油和给汽车换电池之间的一次时间竞赛。“你们将看到的是冠军争夺战！”马斯克在比赛开始时说。

一辆价值7万美元的Model S驶上台，停在检修坑上方。与此同时，一块大屏幕上显示出一辆奥迪车进入加油站的实时视频画面。屏幕上的计时器开始计时，奥迪车的司机开始给车加油，而台子底下的机械臂也开始更换Model S的电池。93秒后，这辆Model S开下了台；奥迪车仍在加油。第二辆Model S开到检修坑上方，用91秒换好了电池——这时，奥迪刚好加完约75升油。“有的人需要花很多力气去说服，”马斯克对台下那些充满崇敬之情的观众说，“但愿这最终能让人们相信，电动汽车才是未来的方向。”

为了克服“里程焦虑”，即对电力耗尽的担忧，特斯拉已宣布迅速扩张其充电站网络。为了减轻人们对电动汽车过于昂贵的顾虑，该公司还宣布了一个租赁计划，并打算未来几年内开始生产两款价格较低的车型。有人担心，万一电动汽车只是一时的流行，将来可能会影响转售时的价值，对此，马斯克以他逾50亿美元的身家担保Model S不会贬值。

Model S的驾乘体验是“无与伦比”的。除了超跑般的加速度，Model S的刹车性能也非常优秀。Model S给驾驶者两种刹车模式供选择，一种是“标准”（Standard）模式，一种是“传统”（Low）模式。Standard模式下，当你松开油门，Model S车载控制系统会立即自动帮你踩刹车，车会立即减速，而制动产生的能量则用来给电池组充电；Low 模式则类似于普通汽车的驾乘体验，你松开油门，汽车仍会保持现有速度滑行，直到你踩刹车时才会明显减速。Low 模式下电池组获取的电能要少于 Standard 模式。

Model S 有三种驾驶模式可供选择，分别是“运动”（Sport）、“舒适”（Comfort）和“标准”（Standard）。运动模式下，你会明显感觉到汽车的悬挂更硬而方向盘也更加灵活。因为动力系统完全不同于传统汽车，Model S 在方向盘下的排挡杆比普通自动挡汽车还要“傻瓜”，只有一个行驶挡和一个倒挡，驾驶过程中，除了倒车你完全不用去考虑换挡的事情，只需挂入“行驶挡”（Drive），走！

对搞过太空项目的马斯克来说，把汽车弄成太空飞船的驾乘体验应该也是信手拈来的事情。对所有驾驶过 Model S 的人来说，其给人留下最深刻的印象就是这车太安静了，安静和顺畅得你会以为自己在开太空飞船。从一脚油门下去，巨大的推背感产生，到时速达到 200 公里，Model S 诡异到在驾驶室里除了风噪和胎噪外，几乎听不到引擎的声音。

特斯拉 Model S 向我们展示了纯电动汽车的各种优点，再次点燃了人们对电动汽车的信心，甚至被誉为继福特 T 型车后又一个汽车界划时代的产品。

著名汽车杂志《消费者报告》在对特斯拉 S 型电动轿车

进行了长期的道路测试后，给了它 99 分的高分，满分是 100 分。Model S 拿下美国 *Motor Trend* 杂志 2013 年度最佳车型奖，这是该杂志 64 年来首次将这一奖项颁给电动汽车。当记者问马斯克的获奖感受时，他说："相信多年后回顾这段历史，Model S 将会是从传统燃油时代向电动车时代发展的里程碑。"

特斯拉 Model S 是叫好又叫座的产品。2013 年一季度，Model S 在美国的销量达 4750 辆，比 2012 年美国电动汽车销量冠军雪佛兰沃蓝达多出 406 辆。要知道，沃蓝达的价格尚不及 Model S 顶级版一半。特斯拉公司的崛起迫使涉足电动汽车的其他汽车制造商，包括宝马、雪佛兰、本田和日产提高电池性能，并继续降低价格。对引领者特斯拉来说，更多竞争对其更加有利。马斯克表示，特斯拉的主要目标是让"更多的电动汽车上路"，使它们看起来像是交通工具而非一种新奇事物。

Model S 是特斯拉公司首次盈利的大功臣。2013 年 5 月，特斯拉发布的第一财季报上显示这家公司首度实现盈利。在向股东发布的一封邮件中，马斯克解释道，特斯拉之所以能够盈利，部分原因是该公司大幅提高了汽车的生产效率。除此之外，该公司将生产一台汽车所需要的时间减少了 40%。从长远来看，马斯克计划继续降低特斯拉汽车的售价，他还希望能在 3—4 年内推出售价仅为 3 万美元左右的汽车，并将公司的利润率保持在 25% 左右。有华尔街分析师认为："如果说 2007 年苹果发布 iPhone 手机时改变了整个手机行业，那么特斯拉目前的主打车型 Model S 已经开始震动整个电动汽车行业，并且将产生 80% 的新市场份额。”

对马斯克来说，他希望自己的电动车能像当初福特的 T 型车一样，以亲民的价格走进千家万户，他离这个目标已越来越近了。

陨落者

稚嫩的电动车市场中，特斯拉是难得的幸运者，而它的最大竞争者菲斯科（Fisker）公司，则成了陨落者。

菲斯科原本是最有可能超越特斯拉的竞争对手。创始人亨里克·菲斯科曾被高薪聘请为特斯拉公司的首席设计师，因马斯克并不满意他的设计，要求推倒重来，菲斯科不干，挂冠而去。2008年时，特斯拉还把菲斯科告上了法庭，引起了一场投资者之间关于电动汽车的口水战：特斯拉指责，为特斯拉服务的亨里克·菲斯科把最好的设计私自留给了后来的自有品牌。

与半路出家的马斯克不同，亨里克·菲斯科可是汽车界的行家里手，在创立菲斯科公司之前，他在宝马和福特担任设计师近十年，阿斯顿马丁DB9、阿斯顿马丁V8 Vantage和宝马Z8是他的代表作。2004年，亨里克从福特辞职，与合伙人共同开办了Fisker Coachbuild工作室，这是菲斯科公司的前身。三年后，菲斯科汽车公司正式成立。新生的菲斯科公司立即成为美国新能源汽车市场上的明星，受到风投公司的青睐，得到美国联邦政府的援助，以及好莱坞明星的加盟，这让这家新生的电动汽车企业名声大噪，其风头一度盖过了特斯拉。在初期几轮投资中，菲斯科获得了高达 8.5 亿美元的投资。

2008 年 1 月的北美国际车展上，菲斯科发布了第一款电动汽车卡玛。亨里克在业内的声望和超级豪华电动车的卖点打动了正大力扶持电动汽车产业的美国政府。2009 年，美国能源部向菲斯科发放了高达 5.29 亿美元低息贷款（菲斯科第一阶段得到其中 1.93 亿美元），作为卡玛及未来另一款电动轿车 Atlantic 的开发资金。时任美国副总统拜登还出席了菲斯科新工厂的开工仪式。

在美国电动车企业的角逐中，菲斯科似乎已稳操胜券。

但卡玛的发展并没有菲斯科筹资那样顺利。这款车原定于 2009 年上市，后因成本和技术等因素推迟至 2010 年 9 月，但直至 2011 年 7 月，卡玛才正式投产并上市。多次延迟上市，再加上没能完成 2010 年生产 70—100 辆卡玛测试车的贷款规定条款，2011 年 5 月，美国能源部冻结了第二阶段的贷款，将菲斯科推向资金链断裂的边缘。

作为一名资深设计师，亨里克在卡玛的设计上下足了功夫。这一方面受到热衷超豪华车的消费者的喜爱，另一方面却招致业内人士的批评，其中包括马斯克。马斯克毫不客气地批评亨里克，“他觉得电动汽车缺的是造型，但这其实是技术问题，长得像电动车并不一定是电动车”。美国政府改革和监督委员会主席、共和党议员达雷尔·伊萨更是直言：“菲斯科不是一家汽车生产公司，而是设计公司，它从一开始就注定要失败。”

菲斯科卡玛总是事故频发。2012 年 3 月，美国《消费者报告》杂志购买了一辆卡玛，在路测前常规校准里程表时，车就趴窝了。该杂志称，“我们一年买 80 辆车做路测，从没发生过这种事”。后经调查,此次卡玛抛锚的原因是 A123 电池发生故障，而它给菲斯科带来的麻烦远不止于此。2011 年 12 月，A123 宣布其生产的电池存在缺陷，随后菲斯科被迫召回 239 辆卡玛。2012 年 8 月，菲斯科因冷却风扇故障再次召回 2400 辆卡玛。此时，卡玛已不得不停产。

2013 月 3 日，创始人亨里克 · 菲斯科宣布辞职。2014 年 2 月, 中国万向集团正式宣布收购美国濒临破产的菲斯科公司。

我们总是只关注到成功者的喜悦,而往往忽视了商业场上,更常态的是失败者的退场。

2013 年 5 月, 就在特斯拉宣布推出电池置换技术之前, 一家有着同样想法的初创企业宣告破产。Better Place 公司曾有过雄心壮志并已付诸实施，它投入了约 10 亿美元，试图从以色列开始，创建一个全球电池置换站点网络。但汽车厂商不愿采用该站点所必需的基础技术，同时该公司在试图迅速扩张的过程中开支太大。之后一个投资者团队以大约 1200 万美元收购了其资产。

A123 Systems 电池公司和菲斯科公司一样，以为掌握了通往未来的钥匙，迅速崛起，最终却在短时间内倒下。

A123 由美国麻省理工学院教授蒋业明与另外两名合作伙伴于 2001 年创立。2005 年 11 月，A123 基于 MIT 的纳米磷酸盐研究推出一项能量高、充电快的锂离子电池技术，该技术得到美国先进电池联盟（USABC，由克莱斯勒、福特和通用汽车组成的机构）的认可，后者投资 1500 万美元支持 A123 继续研发这项技术。

此后，A123 好运不断，不仅接连获得美国能源部等组织的资金支持，还收到了通用汽车公司、菲斯科汽车公司和上海汽车集团等企业的订单。这家最初只有几名成员的公司以异乎寻常的速度壮大。2009 年 11 月，A123 在纳斯达克上市，几天之内就筹集到 3.8 亿美元资金，每股股价一度飙升至 25.77 美元。有了资金，A123 开始大幅扩张。上市近一年之后，A123 在密歇根建立了北美最大规模的锂离子电池厂，如全面投产，电池年产能可供给 3 万辆电动汽车。

高产能给这颗新星的陨落埋下了伏笔。在 A123 的客户群中，菲斯科是最重要的一家。根据计划，菲斯科增程式电动车卡玛 2009 年上市后，2011 年和 2012 年的销量分别会达到 7000 辆和 15000 辆，这些电池全部由 A123 提供。但实际上，卡玛的上市时间推迟了两年，2011 年的预计销量也下调至 1500 辆。

菲斯科取消电池订单导致 A123 在 2011 年 11 月开始裁

员，随着卡玛难以售出的情况不断恶化，A123 难以自保。

2012 年 3 月，由于电池出现质量问题，A123 耗资 5500 万美元对旗下问题电池进行召回。2012 年 8 月，负债累累的 A123 提出破产申请。2013 年 1 月 28 日，美国外国投资委员会（CFIUS）正式宣布，同意中国万向集团收购这个曾经的新能源产业明星公司多数资产。此后，A123 将为万向所有，而未被收购的部分则改名为 B456。

这正式宣告 A123 的陨落。

3

特斯拉哲学

特斯拉和苹果一样，追求极简化的设计，每个体验点上都做到了极致。特斯拉从苹果挖来 Mac 硬件副总裁道格·菲尔德负责特斯拉的设计，挖来曾制定苹果零售策略的乔治·布兰肯希普担任销售副总裁，挖来苹果制造部门主管瑞驰·赫雷，以及为数众多的苹果设计师、工程师和运营人员。

自主创新 + 口碑营销，掌握核心技术 + 互联网思维，融合苹果公司的酷基因和谷歌的开放原则，这些就是特斯拉的经营法则。

硅谷方式的胜利

“不就是一辆电动车吗？有什么了不起的！”浙江吉利控股集团董事长李书福在接受采访时就口出豪言，认为特斯拉的“集成创新”都是自己玩剩下的。在他之前，比亚迪董事局主席兼总裁王传福也愤愤表示：“比亚迪分分钟就可以造出特斯拉。”对于王传福的质疑，马斯克一笑而过：“我不认为比亚迪是我们的竞争对手。”在他看来，具有硅谷基因的特斯拉和这些传统汽车厂商并不具备可比性。

显然马斯克在中国的对手李书福、王传福并不会真的那么幼稚，认为特斯拉的成绩不足一提，我们倒是愿意相信，这些心高气傲的企业家们，遵循着商业第一法则：战略上藐视敌人，战术上重视敌人。

但特斯拉的成功，很可能不是战术级别的成功，它正用硅谷的方式颠覆汽车界通行的底特律模式。

硅谷基因首先影响着特斯拉的管理与执行。相对于决策缓慢、老迈的传统汽车公司，诞生于硅谷的特斯拉从一开始就与众不同。“我们是一家硅谷公司。硅谷公司有着非常扁平的管理结构。比如我没有独立办公室，只有一张办公桌。”马斯克说。

虽然电动车这种新能源汽车一度被认为是汽车工业的未来趋势，但在实际研发过程中，存在许多问题，所以许多传统汽车厂商并不看好。2008 年马斯克接任特斯拉 CEO 后，他提出了“硅谷颠覆底特律汽车中心”的口号。导入了硅谷基因后，让新能源汽车的未来充满了可能。

硅谷的高科技气质深刻地影响着特斯拉产品。特斯拉具有许多划时代的特质，酷、高科技、开放性等气质都深深融入它的产品设计中。特斯拉从来都没有将自己的产品定义为传统意义上的汽车，而是一个高科技的电子产品。

30 多年前，电子器件只占汽车材料成本的 5% 左右，约合 110 美元。现在汽车的各类电子器件的成本在 2000 美元左右，占材料成本的 20% 多。产业专家表示，当今汽车 80%—90% 的技术创新来自电子器件。也就是说，汽车产业的发展，也过渡到高科技电子产品对汽车产生决定性影响的时候了。在奔驰、宝马等豪华车将触摸屏逐渐引入汽车内部的时候，特斯拉全盘放弃了按键，用一块大的触屏解决所有问题，空调、天窗等均用触控的方式打开和调节。

特斯拉电动车可以刷软件，等同于现在的手机，刷一下就有新功能了，拥有无限扩展的功能。这些科技感十足的元素，加上充电一次最多跑 500 公里，以及从 0 到 100 公里加速只需四五秒的性能，让特斯拉不仅与传统汽车有天壤之别，就是与其他电动车也完全不同。

17英寸屏幕让驾车者可以打开大幅的全屏地图，或是手指一挥就能打开天窗。汽车会在接近充电站时提醒司机，也可以设定程序，在电价较低的非高峰时段在家充电，外面的车门把手在不用时会缩回车门内。而且与当前的任何热门设备一样，特斯拉 Model S 也配有应用程序。伊利诺伊州的一名车主要求对远程温度控制系统进行软件升级，这样他就可以在去吃午餐时让自己的狗待在凉快的车里。还有人编制了一款应用程序，将谷歌眼镜与 Model S 配对，让忘记停车位置的车主可以在车头灯闪烁时在地图上看到车的位置。

通用汽车和福特纷纷仿效特斯拉的做法，已招募上百人的团队投入软件开发。通用汽车的技术部门扩充了3倍。这些汽车厂商们看到，孩子们更喜欢用 iPad 看电影，而不是价格昂贵的内置娱乐系统。"在很多方面，软件已经成为新车体验的重点，"福特的研究实验室负责人 T. J. 朱利说，"从动力系统到车内的警告提示音，都是在利用软件创造一个富于表现力且令人愉快的环境。"朱利曾在密歇根大学任教，给计算机科学专业的学生们讲授汽车用户体验课程。朱利很嫉妒特斯拉从零开始在触摸屏软件与汽车内置系统结合上所取得的成就。"这个软件与 Model S 其他部分的整合程度的确令人钦佩，"他说，"对于我们所做的事情，特斯拉是个标杆。"

马斯克对他的电动车非常自信，他认为几乎所有的电动车如日产 Leaf、通用 Volt、福特 Fusion，都不能与特斯拉相比。“不是一个级别的，相互之间没有可比性。”马斯克总喜欢这样自吹自擂。

特斯拉的硅谷基因不仅因为其总部在硅谷，也来自马斯克本人。马斯克本身就是一名极客，他在 12 岁的时候就编写出了一个游戏程序。他的创业生涯在硅谷起步，“我是一名工程师，我把大部分时间都花在制造和设计上”。他这样定位自己。

马斯克总强调说 ：“特斯拉是一家硅谷公司。”理论上，底特律有着更为深厚的产业积淀，在生产环节和供应链上的优势明显。但正是这种高度成熟的产业状态，使得汽车巨头们按部就班，靠着沿用了上百年的经验和模式赚钱。当巨头们还在热烈讨论究竟是先建充电桩还是先生产电动汽车的时候，马斯克已经悄然在路上，用硅谷的方式，改变了汽车。

没有人可以保证特斯拉可以像现在这样一直成长，但它已经以一种底特律无法忽视的方式激发出了汽车领域的硅谷活力。一些特斯拉员工离开公司，创建了电动摩托车和电动货运卡车公司。还有人开发了应用程序，帮助人们找到哪里有电动汽车充电站。风投公司开始投资那些制造全电动汽车的公司，以及数十家从事汽车软件开发的初创企业，其中包括谷歌以 10 亿美元收购的电子地图公司 Waze。谷歌也推出了自动驾驶汽车。“汽车是最后的未联网设备。”特斯拉前员工艾伦 · 普拉特肖恩说。离开特斯拉后，他创建了一家企业。“现在它们正联入网络，创造了大量的机会。”普拉特肖恩在硅谷长大，曾经与父亲一起修理旧车。“在历史上，能够将对汽车的狂热与科技行业的事业结合起来，这几乎是不可能的，”他说，“现在，特斯拉以现代化的方式改造了汽车，我觉得，是时候对汽车进行又一次重大反思了。”

马斯克用硅谷的方式颠覆了传统汽车行业，他认为，硅谷的环境“有益于创建创业公司，每个人都会给你带来机会”。马斯克也承认，硅谷的破产率非常之高。“那里是一个‘杀戮场’，只有拥有真正价值主张的公司才会通过考验。”

在硅谷排名第二的创业原则是“我们容忍犯错”，排名第一的是“我们不为赚钱”，这里推崇冒险的企业家精神。

创业就是一种生活状态，特斯拉享受着其中的痛苦和快乐。特斯拉用独特的硅谷创业模式——快速研发，高效运营，迅速市场化等，一步一步地实现着在别人看来遥不可及的梦想。成功很难复制，每个创业成功的企业都有其特殊的天时、地利、人和，但是创业者精神能够传承，成功模式值得借鉴。因为，成功的创业企业总是相似的，不成功的创业企业却各有各的不同。

特斯拉在互联网界受到的赞誉最多，这并非偶然。对追捧特斯拉的 IT 人来说，马斯克代表着一盏明灯，这盏灯照亮了互联网进军传统行业、击垮传统商业巨头的道路。

不只如此，当下“硅谷威胁论”正在美国华尔街弥漫，摩根大通 CEO 吉米·戴蒙对外公开抱怨：“硅谷想要吃掉摩根大通的午餐！”

戴蒙的危机感来自一个事实：硅谷企业目前在消费金融、支付、加密以及认证技术上具有很强的实力，也就是说，科技公司未来将成为银行业的主要竞争对手之一。

这样的事情同样发生在了中国。阿里巴巴集团旗下的余额宝正让银行们忧心忡忡，越来越多的年轻人把钱从银行拿出来奔向了马云的怀抱；雷军这个手机外行也杀到了“中华酷联”四大手机厂商的后院，这让他们不得不选择跟进，相继推出“类小米”手机来应战。

贩卖美好体验

在加利福尼亚州弗里蒙特的特斯拉工厂里，最大的一栋建筑足有800米长、400米宽。丰田汽车曾在这里每天生产1400多辆汽车，其中包括皇冠、塔库玛等车型。马斯克出资4200万美元于2010年初将它买下来后，起初，这里每天生产6辆Model S。

每一辆成品都要经过一系列严格测试，包括用高压水枪检查潜在裂缝，以及在不同路面行驶，查看是否有松动部件。马斯克会检查每一辆即将交付的Model S。负责车辆制造业务的副总裁吉尔伯特·帕辛介绍说，公司到2013年年底时日产量达到100辆。

帕辛原先供职于丰田汽车，在特斯拉与SpaceX，许多员工都和他一样，是马斯克从知名竞争对手那里挖来的。帕辛认为，是特斯拉给了他一个全新的机会，去做一些大胆而新奇的工作。他说："我们完全是从零开始，现在有了一个机会来展现我们的能力。"

马斯克所创办的这家电动汽车公司，与乔布斯在苹果的路数很相似。

在硅谷，没有人比乔布斯更具有传奇色彩了。乔布斯可能是美国工程院唯一一个没有在大学读完一年书的院士。乔布斯只读了半年并不太知名的大学，旁听了一段时间美术课之后，就彻底离开了学校。他入选院士的原因是“开创和发展个人计算机产业”。

乔布斯21岁创办了苹果公司,25岁即跨入亿万富翁行列，30岁被驱逐出自己所创办的公司，他是硅谷土生土长的英雄，是硅谷最传奇的创业家。乔布斯是创富的榜样。1980年12月，苹果公司上市时，他不无自豪地说："当我23岁的时候，我的财富达到了100万美元；在我24岁的时候达到了1000万美元；而在25岁的时候则达到了1亿美元。"2010年苹果公司已超过微软公司，一跃成为世界上最具价值的科技公司。这很大程度上要归功于苹果公司的革命性产品。

苹果电脑开创了个人计算机时代，1997年乔布斯重新执掌苹果，此后，他带着iPod一头扎进已经趋于饱和的MP3市场，颠覆了整个音乐行业；后来用iPhone甩开了手机巨头诺基亚，又用iPad对微软和英特尔发起猛烈冲击。

高端产品与用户忠诚度，是被人们津津乐道的苹果基因。特斯拉与苹果公司类似，只销售高端高品质的产品，虽价钱不低，却都能唤起支持者们极大的购买欲望、热情，以及超高的忠诚度。即使对那些喜欢吹毛求疵的人来说，这两家公司所推出的产品都能让他们无话可说。知名汽车类杂志《消费者报告》给特斯拉 Model S 的评分接近完美，给了它 99 分，几乎是该杂志创刊以来的最高得分。

不管是苹果，还是特斯拉，它们都在不遗余力地提高对顾客的服务质量。当特斯拉汽车不幸抛锚时，该公司会配一台代用车为你所用，并免费接收出故障的汽车。这比苹果的服务还要好。

特斯拉和苹果一样，追求极简化的设计，每个体验点上都做到极致。其中一个体验点就是车门把手为自动伸缩感应，当钥匙接近时会自动从收起的状态打开，这个很小的细节让车主体会到制造者对他的关怀。目前，所有汽车门要么内嵌，要么外拉，但特斯拉的车门把手是嵌在里面的，合得很严，当你走过去，它知道你来了，就会自动翻起来。

特斯拉没有采取传统的经销商模式，将自己的多款车型在大厅里陈列出来，而是在一些高级购物中心开设规模不大、呈现极简主义风格的连锁零售店。特斯拉的门店与苹果专卖店颇有异曲同工之妙，这并不是巧合。特斯拉的设计理念、商业模式都与苹果公司很相似，特斯拉公司的不少人才也是从苹果公司“借调”过来的。

特斯拉从苹果挖来 Mac 硬件副总裁道格·菲尔德负责设计，挖来苹果制造部门主管瑞驰·赫雷，以及为数众多的苹果设计师、工程师和运营人员。这些人为特斯拉带来了苹果的极简风格，Model S 的中控屏便是最好的例证。这是一块 17 英寸的全触摸显示屏，没有复杂的按钮，上手非常容易，基本上跟操作 iPad 没什么区别。这套系统也提供了上网、导航、影音等功能，提供了有如巨大的触碰式平板计算机般的实用性。其他配置方面，后座 USB 插孔、LED 雾灯、HID 头灯、卫星导航、倒车影像、无钥匙启动，应有尽有。

马斯克 2010 年还挖来了曾制定苹果零售策略的乔治·布兰肯希普担任特斯拉销售副总裁，让他负责管理特斯拉线下旗舰店。布兰肯希普的办公室曾与乔布斯相隔不远，马斯克乐于招贤纳士，并且能让各个领域的专家在不受太多监管的情况下发挥所长，“这是我第一次在一个将要改变世界的地方工作。”布兰肯希普说。

在建造特斯拉的概念店时，布兰肯希普并不是仅仅应用和参考了一些苹果零售店的原则和购买的体验，而是完全彻底地复制，唯一的区别是特斯拉销售汽车而苹果销售电子产品。

在圣何塞的门店里，天鹅绒拦绳将一辆红色 Model S 轿车围在正中。近旁，一个没有车身的车架向人们展示着车辆内部的电池组、发动机和定制动力传动系统。墙壁上的触摸屏可以让潜在客户算出购买电动车能省下多少钱，还可以让他们尝试为爱车挑选不同配置。一旦敲定了某一款设计，他们只需用手指在触摸屏上一划，一辆定制轿车就会出现在门店正中的巨幅屏幕上。

这里的销售人员不靠佣金挣钱。布兰肯希普说:“通常，经销商会希望你当场就买走他的车，这样好帮他清空库存；而我们的目标是在客户与特斯拉及电动车之间缔结纽带。”就像苹果的 iPod 和 iPhone 那样，特斯拉希望自己的电动车不仅是一个代步工具，也是一种生活方式的宣言。特斯拉展厅的一线员工，被称为“产品专家”而不是销售，尽管他们也负责接待前来店面订购车辆的用户，但即便你不是潜在客户，他们也会同样详细地介绍特斯拉电动汽车。这些产品专家不从卖车的交易中提成，他们主要的工作就是对外分享特斯拉推出的科技产品。

特斯拉在全球拥有 24 家门店，2014 年新开 10 家。

由于企业的目的是创造顾客，德鲁克认为，任何企业都有两个基本功能，而且也只有这两个基本功能 ：营销和创新。

营销是企业的独特功能。企业之所以有别于其他组织，是因为企业会营销产品或提供服务，而教会、军队或政府都不会这么做。1900 年以来，美国掀起的经济革命主要是一场营销革命，起初，美国工商界人士对营销的普遍态度都是:“工厂生产什么，销售部门就卖什么。”今天，大家的态度日益转变为:“我们的职责是生产市场需要的产品。”不过，单靠营销无法构成企业。在静态的经济中，不会有“企业”，甚至不会有“企业家”，因为在静态的经济中，“中间人”只不过是收取中介费的

“经纪人”罢了。

只有在不断扩张的经济中，或至少是视变化为理所当然，且乐于接受改变的经济中,企业才可能存在。企业是经济成长、扩张和改变的具体器官。所以，企业的第二个功能是创新。对企业而言，只提供产品和服务还不够，必须提供更好更多的产品和服务才行，企业不一定需要成长壮大，但是企业必须不断进步，变得更好。

营销加创新,特斯拉很好地打造出了新兴企业的两大功能。就像苹果零售店并不把自己定位为销售 iPad 等产品,特斯拉也不认为自己是在销售汽车，它们都在教授人们一些新知识，让人们感觉美好。特斯拉在重塑汽车购买的体验。

创意经常在跨界中流动。特斯拉借鉴了苹果的销售方式,而苹果体验模式的构想则起源于40多年前另一品牌的兴起。那是一个被人们认为完全重塑了客户体验的著名品牌：四季酒店。

当乔布斯想进入零售业时，他雇用了塔吉特百货连锁的高管罗恩·约翰逊。乔布斯问约翰逊：哪个品牌提供了世界上最好的客户体验？答案是四季酒店。

伊萨多·夏普 1960 年创建了四季酒店，但又花费了 10 年的时间才使之和奢侈豪华的代名词沾边。1970 年在伦敦建造第一个豪华饭店之前，夏普的经验局限在多伦多，局限在建造普通住房、公寓和小汽车旅馆。只是住房对夏普庞大的野心来说过于狭小了。夏普的目标或者说他的愿景是建立一个提供举世无双的客户体验的全球奢侈品牌。正如许多大胆的梦想都会遭受质疑，夏普的想法也不例外。

和乔布斯一样，夏普也是一个完美主义者，他追求尽善尽美。四季酒店的体验为苹果零售创新带来了灵感。乔布斯和苹果零售店负责人经常问自己：在这种情况下，四季酒店会怎么做？对于新进店的客人，四季酒店没有传统的收银台。他们用礼宾部来替代，这是夏普借鉴欧洲同行而引入美国酒店业的创新。第一家苹果零售店开业时，一位“礼宾员”恭候进店的客户。苹果还借鉴了四季酒店的另一创意：大堂吧。走进苹果零售店会发现有类似四季酒店的一个吧台。两个吧台只有一点区别：四季酒店的吧台提供酒水，而苹果天才吧提供产品咨询。

跨行业寻找灵感。乔布斯曾说："创意就是让不同事物连接起来。"马斯克一定对此深表认同。

开放平台

企业的创立与发展是一个不断演化的基本过程，从最初的“好点子”，经过“好产品”“好团队”“好体制”“好文化”这样一步步的艰苦历程，最后成就一个非常优秀的企业。

面对颠覆者，行业领先者先是“看不见”“看不起”“看不懂”，感觉到恐惧之后开始想学习，模仿竞争对手的成功模式，但这时却发现“学不会”。美国大陆航空、美联航空花了很大的力气去琢磨、去模仿、去学习西南航空，但无论是用哪种方法，学来学去就是学不会。到了这个时候，企业就开始真正走向了末路，会发现别人的进攻根本无法阻挡，所谓“兵败如山倒”。传统汽车巨头面对特斯拉蚕食市场份额时，也渐渐有些力不从心了。

很多特斯拉的粉丝应该能注意到，马斯克还把谷歌公司作为学习的榜样。马斯克心里很清楚，电动汽车行业面临着一个越来越严峻的问题，即缺乏必要的基础设施。目前，电动汽车的电池容量并没有大到不用经常充电的地步，而当需要充电的时候，会发现充电站的数量远远不够，而且位置都较为偏远。此外，电动汽车机械师的数量也很少。目前，特斯拉公司正在尝试由自己来搭建这些基础设施，这意味着电动汽车的普及速度将大大放慢。但是，如果整个汽车行业都能够动员起来，加大对电动汽车及其基础设施的投入，那么很明显，电动汽车的时代将很快到来。

应该怎样才能让通用汽车、福特、丰田、奔驰、宝马和特斯拉这类的初创公司一起合作，并加大对电动汽车基础设施的投入呢？授权自己的技术是一个极佳办法，谷歌便是这么做的。

谷歌于 1999 年由两个退学博士生拉里·佩奇和谢尔盖·布林创立，它彻底改变了人们获取信息和随时了解新资讯的方式，搜索已融入日常生活并成为生活中不可或缺的部分。目前，谷歌在移动互联网领域也逐渐奠定霸主地位，它打造出开源的安卓系统平台，使得现在世界上绝大多数手机厂商都在同谷歌进行合作。

开放技术与开放信息的使用，是谷歌最重要的核心价值。谷歌的战略是实现搜索谷歌向网络谷歌的转变。作为开放平台领域的开拓者和领导者，谷歌近年来所做的一切均围绕着构筑网络谷歌这个战略目标展开。开放的范围涵盖了社交网络、企业及移动应用开发、广告、互联网电视、位置和移动支付等多个领域。

特斯拉也在打造属于电动车领域的开放平台。2014 年，奔驰公司将推出B型电动汽车，其充电完成后的行驶里程达到了115英里，这比目前许多电动汽车的里程都高。B型电动汽车之所以能达到这一水平，要归功于特斯拉公司。马斯克的电动车公司帮助B型电动汽车打造了全新的电动发动机、电控系统以及最为关键的电池。另外，特斯拉最近的合作伙伴是丰田汽车公司，该公司目前生产的RAV4 EV和SUV汽车的最高里程均超过了100英里。

特斯拉愿意将自己的技术授权给其他竞争对手使用，这显示出了马斯克的远见，因为他知道如果自己能推出一个统一的平台，那么整个汽车行业都将从中获益。马斯克喜欢对外界强调，特斯拉的主要目标是“让更多的电动汽车上路”，使它们看起来像是交通工具而非一种新奇事物。“我真心鼓励其他厂商进入电动车市场，”马斯克说，“这是一件好事，市场需要它们的进入，电动车要不断提高性能并更新换代，帮助人类在未来实现可持续性交通运输。我希望这一天更早些到来。”

电池对电动汽车行业的重要性，就像半导体之于IT行业，它是决定整个汽车性能的核心环节。目前来看，由特斯拉所生产的电池是整个业界最好的。有业内人士称，该公司所生产的电池容量要比其他竞争对手高出20%—30%。虽然特斯拉可以同其他公司共享充电站服务和电池技术，但这并不意味着特斯拉会放弃将自己打造成为世界上最伟大的电动汽车公司的计划。虽然竞争对手也在使用它的核心技术，但随着特斯拉不断提高汽车的服务质量、设计风格和可靠性，同样可以卖出大量自己生产的汽车。

马斯克的管理哲学与谷歌著名的“20% 时间”相似，他鼓励麾下的经理人将至少 10%—20% 的时间用于对其直接从事的项目做出预测。“如果他们不这样做，那么就无法在剩余的 90% 时间里做出正确的决策。”

对一家伟大的公司来说，光生产出伟大的产品还远远不够，你还应该让其他公司在你所提供的平台上获得成功。马斯克非常清楚这一点，所以他模仿的对象才不止苹果一家。可以这么说，特斯拉混合了苹果和谷歌的成功基因。

特斯拉模式

除了跨界寻求为己所用的理念，借助苹果公司和谷歌公司成功的方式方法之外，马斯克带领特斯拉团队摸索出了属于自己的核心能力。“自主创新 + 口碑营销”，“掌握核心技术 + 互联网思维”，这就是特斯拉的经营模式。

核心制造环节尽可能减少外包，这是特斯拉成功的要素之一。这一做法帮助它拥有知识产权并使成本得以控制。特斯拉在 Model S 上加入了电池组可更换的功能，然后为之设计了更换电池的机器人。

特斯拉也曾经历过召回的尴尬。2009 年 5 月，由于路特斯汽车公司生产的车体和底盘存在安全隐患，特斯拉被迫召回 345 辆 Roadster。2010 年 10 月，又一处零部件问题致使特斯拉再次对 439 辆 Roadster 进行召回。

与很多量产车一样，Roadster 的零部件供应商来自世界各地，比如碳纤维材料产自法国，底盘产自英国，电池产自日本。虽然两次召回没有挫伤特斯拉粉丝对 Roadster 的信心，但马斯克意识到，只有掌握核心零部件技术，才能最大程度降低安全隐患，保证产品质量。

早先，特斯拉有一个大约 6 人的团队，在一个小型工厂里打造原型车。这些工程师没有一人来自汽车行业，他们主要是太阳能汽车爱好者和小型设备制造者。这个创始团队的一个重大决定是，将数千块笔记本电脑的锂电池组装成一个巨大的电池组。这个解决方案不算简约，但利用了市场上已有的可靠、廉价的电池。“即使是现在,其他公司还是会购买所谓的汽车级定制电池,这样一来成本就大大上涨,”特斯拉早期员工别尔季切夫斯基说，“对我们来说，锂电池大有用场。”

从 Model S 开始，特斯拉将电池、电机和电控系统等核心技术由外包改为自产。Roadster 和 Model S 的电池组分别由 6000 多枚和 8000 多枚 18650 电池组成。经过数年发展，18650 电池的性能已有极大提升。迄今为止,搭载 18650 电池组的 Roadster 和 Model S 均未发生起火等事故。

关键是要保证这些电池一起运行时的安全。“要是有一个电池发生爆炸,火焰波及下一个,那特斯拉肯定完蛋了。”别尔季切夫斯基说。特斯拉早期的员工都把晚上的时间用来引爆电池,测试它们的热性能。最终工程师们偶然想到了一个设计，给每块电池设置一个缓冲空间和冷却液，让它与其他电池隔离。这个设计现在仍然是保密的。

在特斯拉想办法防止车子爆炸的同时，还必须找到法子提升车子的行驶里程数和充电速度。Model S 的高端车型一次充电可以行驶约 483 公里，马斯克曾暗示说，特斯拉正致力于开发出续航能力为 805 公里左右的电池组。

马斯克执掌的特斯拉已经成为人们心目中电动车技术的代表。单从这一点来看，它也是目前最大的赢家。

用互联网思维，通过口碑营销，极力追求顾客的净推荐值，是特斯拉的又一法宝。

全球知名咨询公司贝恩公司的合伙人罗伯・马奇，贝恩公司资深顾问弗雷德・赖克哈尔德，是研究客户关系方面的专家，他们共同提出"净推荐值"理念（NPS，Net Promoter Score），用以衡量客户忠诚度并推动其增长。

NPS 值是基于一个基本观察而后衍生出的一个方法论。每家公司的顾客群都可以分为三个类型，即推荐者、被动者和贬损者，每个类型都有自己不同的行为模式。推荐者是铁杆粉丝，是那些对产品（服务）打 9 分、10 分的人群，他们不仅反复光顾一家公司，而且还会敦促朋友们也这样做。被动者是满意但不热心的顾客，打 7 分、8 分的人仅仅获得了他们花钱购买的东西，不是忠诚顾客。剩下就是那些打了 6 分及以下的人，是贬损者，与这些公司打交道使得他们的生活变糟了。

贝恩公司调查忠诚度和利润增长的关系 30 多年，最初统计数据表明，顾客留存率增长 5% 可能会带来 25%—100% 不等的利润增幅。后来，他们的研究发现，顾客忠诚度最高的公司的营收增长率是其竞争对手的两倍多。

除了苹果公司之外，不少杰出公司也在追求“净推荐值”。亚马逊公司有足够的资金打更多的广告，但它把资金用在免费送货、维持产品较低的价格和改善服务上。亚马逊公司创始人、CEO 杰夫·贝佐斯说：“如果你真的提供了出色的购物体验，谷歌就会把这告诉其他人。”

一些网上鞋类和服装零售商也采取类似的做法。它把资源放在为顾客提供出色的体验，而不是销售和市场营销上。zappos 公司创始人谢家华的战略是通过回头客的重复购买和顾客推荐来获得利润的增长。在短短 10 年中，这种策略就帮助该公司销售额突破 10 亿美元，2009 年，亚马逊斥资 12 亿美元收购了这家公司。

无疑，特斯拉属于追求“净推荐值”的典型公司。互联网最重要的一点就是建立品牌。当大家接受这个品牌以后，要想市场再容纳另一个品牌，就会非常困难。特斯拉的品牌传播主要靠口碑，其在传统媒体上的广告投放是零。口碑是最好的广告。据全球知名研究公司尼尔森的研究表明，92% 的人更愿意接受来自朋友和家人的建议来做出购买决定，而不是来自其他任何形式的广告。早期特斯拉专门为娱乐明星和财经名人定制，其中包括施瓦辛格等好莱坞影星。利用名人效应，特斯拉在社交媒体上引发了很多讨论，这些讨论带来了不错的口碑。就像马斯克反复提到，特斯拉最好的销售人员就是它的客户。没有任何一家汽车公司的客户会像特斯拉的用户这样不停地在网上宣传自己的电动车。网络上有成千上万的博客在描述自己开上特斯拉电动车后的感受，也有成千上万用户或是潜在用户用自制以及自己配音的“广告”“纪录片”在传播特斯拉。要知道，通用和福特这样的汽车巨头每年仅在广告上的花费就超过了50亿美元。

在销售方面，特斯拉拒绝跟4S店和汽车经销商合作，采用的是“体验店＋网销”的模式。和苹果类似，顾客可以在特斯拉的体验店触摸和感知产品，而下单则是通过网络来完成。

汽车经销商都感到恐惧，特斯拉公司所拥有的展厅对他们的生计构成了威胁。他们根据《联邦汽车特许经营法》声称，由制造商直接销售汽车（无论该公司成立于1903年，还是2003年——就像特斯拉那样）是被禁止的。汽车经销商是受威胁的一方，固定的价格使销售新车型的利润空间变小，而且，那些较少需要维修的汽车意味着更低的服务收入。

流水线和批量生产导致了全世界各地经销商的涌现。起初，经销商对福特和通用汽车等厂商来说是一种天赐之福，因为在20世纪20年代，经销商需要投资建造展厅和维修站以换取获得经营权。但是，那是一个电报、报纸、广播、内胎、曲柄把手和100英里内服务的时代，而现在是推特、比价网站、搜索营销、锂离子电池、卫星导航和终身保修的时代。

很显然，特斯拉站在新时代的前列，虽然未来与汽车经销商的战斗还会非常惨烈。特斯拉像苹果公司一样，正在以颠覆性的直销方式撬动传统汽车世界。

互联网让汽车直销变得具有可操作性。特斯拉在用互联网思维造汽车，它在很多地方做出了颠覆，包括强实用性、极致的细节以及独辟蹊径的营销方式。等传统汽车厂商反应过来时，特斯拉已足够强大了。通用汽车公司 CEO 丹尼尔・埃克森对特斯拉很是警惕，他说："我们要注意特斯拉的颠覆，历史的垃圾箱里堆满了忽视颠覆者的胆魄。"

如今，大多数公司都力图把重心更多放在顾客身上，它们变得更加"以顾客为中心"。这已很容易理解：现在大家都对网络非常熟悉，顾客可以掌握近乎完美的信息，在这样的情况下，公司只有把顾客放在经营的核心位置上，才能更有效地开展竞争。很多公司也希望自身更加被使命而不是利润驱动，这也并不奇怪：因为领导者明白，如果无法做到尽可能地赢得和留住好员工，公司就无法赢得并留住顾客；而才华横溢的员工希望追求某种使命，而不仅仅是为股东创造利润。

特斯拉既"以客户为中心"，又有强大的使命驱动力，它的风行，引发了传统行业与科技创新融合的潮流。正如"营销之父"菲利普・科特勒所说："优秀的企业满足需求，杰出的企业创造市场。"特斯拉正在创造市场，引领市场。

看空者的观点

事实上，尽管特斯拉把全球汽车市场搅得风生水起，但仍然根基未稳，盛名之下，它很容易成为标靶。

在硅谷之外，特斯拉遇到重重阻力。由于特殊的直营模式威胁到传统经销商特许经营系统，特斯拉遭到了包括马萨诸塞州、得克萨斯州等地区汽车经销商联盟的联合抵制，甚至将其告上法庭。而北卡罗来纳州已经出台措施“禁止特斯拉以任何方式向该地区销售和出租汽车，包括发送邮件”。

直至今天，特斯拉都被认为是一家成功与争议并存的公司。许多电动车专家嘲笑特斯拉的电池是普通笔记本锂电池，没有核心竞争力，安全系数低；看空者认为，正如突然崛起一样，特斯拉也将昙花一现，资本市场的炒作终将偃旗息鼓，甚至在此之前马斯克会将公司卖出。

特斯拉目前并不是一个获得验证的成功企业，马斯克本人也一再强调，“我是小人物，我们是小公司”。摩根大通的汽车行业分析师莱恩·布林克曼认为，虽然特斯拉没有养老金、医保或其他让大型汽车制造商背上沉重负担的遗留成本，但该公司在执行方面仍然有很多事情需要证明。“特斯拉尚未证明这样一件事，即它能依照自己商业计划中对产量和利润率组合所做的设想来生产 Model S 汽车。”布林克曼在提交给投资者的一份备忘录中这样写道。

电动车的基础建设非常不完善，这是特斯拉未来发展的大难题。对特斯拉来说，要想占领市场，充电桩就得像加油站一样建设起来，是不可或缺的基础设施。随着未来特斯拉第三代汽车价格的降低，特斯拉的潜在买家也会大量增加。当车主暴增时，特斯拉业务的运行可能会陷入麻烦。硅谷管理顾问乔弗瑞·默尔认为：“如果特斯拉三年内要发展成大众市场中的汽车，必须保证要有基本设施的到位。”充电是其中的关键难题。

特斯拉汽车若想真正风行，就要足够廉价。从研发 Roadster 开始，马斯克就把特斯拉电动车定位为高端消费产品，马斯克认为，有钱人希望可以通过购买和驾驶电动车来表明自己的环保态度。很显然，大众化之前的特斯拉公司不可能成为世界级的大汽车公司。目前特斯拉在美国生产的 Model S 售价在 7 万—10 万美元，在中国的售价为 70 余万元人民币。它是昂贵的消费品。100 多年前，正因为燃烧汽油的内燃机车比电动车更廉价，更易大众化，所以取得了绝对地位。特斯拉汽车所倚重的锂电池成本高昂，让许多消费者望而却步。从目前情况看，汽油动力的汽车仍然比电动汽车便宜得多。

特斯拉发展到现今这一步已经是不小的成就。但特斯拉的下一个增长阶段还将面临急剧增加的挑战。特斯拉的雄心不仅是赢得硅谷最热门汽车的头衔，还要同时成为下一个福特公司和埃克森美孚——成为能盈利的大规模生产商及打造燃料分销网络。历史上还没有哪个商业人物能同时做到这两点，福特公司的创始人亨利·福特也不能。

“在制造方面，底特律处于学习曲线的更下游。”哈佛商学院教授史兆威说，他对电动汽车整体上持怀疑态度，也怀疑特斯拉是否有可能构建其所需的基础设施来支持充电和电池置换网络，因为特斯拉的业务中有太多地方都要依赖于不成熟的技术。“结果就是，他们因为有这么多的新技术而处于成本高昂的境地，”史兆威说，“这是一个代价极高、极具挑战的命题。”

至少有两大方面的摊子，领头人马斯克如何聚焦也是个问题。真正让马斯克的名声享誉全球的事件，是他创办的SpaceX在2013年初成功发射并回收可重复利用火箭。着力打造一家“帮助人类成为真正的太空文明”的航天公司SpaceX，还是改写汽车产业发展史的特斯拉公司，马斯克以哪家公司为重，这也决定着特斯拉公司的命运。

还有，强大的竞争对手并没有落后太多，混合电动车、纯电动车一直以来都在通用汽车、福特、丰田等汽车巨头的布局之中，它们都在等待中小型公司充当先头部队，成为烈士之后，重金杀入这一领域。特斯拉一骑绝尘的日子相信也不会持续太长时间，巨头正在苏醒，整个市场会被重新激活，陷入乱战。IT 企业的不断跨界正在改变整个社会的经济格局，也很难排除其他有着硅谷基因的 IT 巨头投身其中。比如谷歌、苹果公司都有在汽车领域的相关布局。

就电动车本身来说，也不能确切地说它的发展态势已明朗无疑。电动车还是汽车领域很小的分支，市场对电动车的认可远未达到普遍接受的地步。马斯克也认为，对电动汽车的认可才仅仅是开头，“能否制造一辆价格可承受的、长途续航的电动车，对这一点的质疑仍然很多”。“在这样一辆车被造出来之前，说特斯拉完成使命还为时太早。”他说。

看空者还认为，特斯拉一直处于被收购的位置，难以独立发展成为一家产业巨头。

2013 年首次实现了季度盈利，加之以上种种特斯拉的问题，需要更强大的动力才能推之前进，这让有关马斯克出售特斯拉的各种猜想接踵而至。会不会是另一家汽车公司来收购？就现在而言，戴姆勒和丰田汽车都已经是特斯拉汽车的投资者。Praxis Trading 对冲基金公司合伙人 Yra Harris 认为通用汽车会是收购者。对底特律传统汽车三巨头通用汽车、福特汽车和克莱斯勒集团而言，特斯拉非常适合收购，这三家企业当前在电动车行业都还不够成功。Yra Harris 指出，特斯拉目前的市值“太过梦幻”，但倘若能按照合理的价格收购，则将是“理想的交易”。

苹果公司也可能是一个潜在的收购者，马斯克乐意参与到这一话题的讨论中，“我猜想收购方会来自汽车行业外部，是一家拥有庞大现金的公司”。

相较于苹果公司，谷歌成为买家的可能性更大些。谷歌是特斯拉在自动驾驶技术方面的合作伙伴，目前手中持有现金和其他等价物 520 亿美元，足以完成对特斯拉的收购。谷歌与特斯拉渊源颇深。谷歌创始人拉里·佩奇和谢尔盖·布林是特斯拉的较早投资者，也是特斯拉首款产品 Roadster 电动跑车最早的一批用户。

不过，从马斯克对外界的公开言论来看，他并没有售出特斯拉的意图。他正埋头于实现特斯拉的三部曲。“我们的目标是创造一种迷人的大众市场汽车，”马斯克说道，“在实现这个目标以前，我不会考虑离开特斯拉汽车。很明显，还需要几年时间我们才能实现这个目标。”

社会趋势的代言人

丰田的美国攻略，表面上看是功能层面的成功：节能、易于驾驶、质量可靠。但丰田如果不是把握住了美国汽车消费平民化趋势，如果没有 1973 年和 1979 年的两度石油危机，不可能获得如此辉煌的成就。

也就是说，当汽车平民化趋势来临的时候，美国消费者开始反感三大汽车公司高高在上的贵族气息。他们需要找到一个知音来满足他们的消费愿望。此时，丰田的优质低价、人性化内部设计，就成了美国平民化趋势的代言人。丰田打败三大汽车公司的胜利，与其说是产品的胜利，不如说是社会消费趋势的胜利。

特斯拉汽车的胜利也抓住了绿色能源的消费趋势，贴上了绿色环保标签。同时，能源价格越加昂贵的趋势未变。

在美国，生产绿色汽车的不止一家公司，而是一个产业。但是，除了特斯拉，陆续有多家生产电动车或其他清洁能源汽车的公司陷入倒闭与困境中。“只有生产插电式特斯拉 Roadster 跑车和新款 Model S 轿车的特斯拉汽车屹立不倒。”特斯拉何以做到？

首先是创办新企业的经验。其他绿色汽车初创公司的创始人大多来自传统汽车行业，他们拥有梦想但欠缺运营一家新型公司的经验。而特斯拉的创始人马斯克拥有物理和商科学位，他已经创办并出售了一家成功的公司，同时还运营着火箭和航天器制造公司 SpaceX。他拥有在困难时期继续向前推进的勇气，也敢于向不情愿的投资者施加压力。

拥有优秀的合作伙伴同样很重要。马斯克知道，仅靠向富人销售数千辆电动汽车是不会让特斯拉长久生存的。所以，他寻求通过向其他汽车制造商销售电池组为公司带来更多的收入。德国的戴姆勒公司不仅购买特斯拉的电池用于其Smart微型车的电动汽车版本，同时也应用于其大型卡车福莱纳。另外，该公司还向特斯拉投资了 5000 万美元。同样地，丰田汽车跟特斯拉达成合作，一起开发下一代 RAV4 插电式电动汽车。丰田也向特斯拉投资了 5000 万美元。

特斯拉在其他方面同样非常明智。该公司因生产零排放汽车而获得加利福尼亚州政府授予的碳排放额度，它将这些额度出售给其他不那么清洁的汽车制造商。据高德纳公司（Gartner）分析师蒂洛·科斯洛夫斯基称，特斯拉借此可以从每辆汽车上获得最高 35000 美元的收入，这笔横财帮助该公司存活。“到最后，其他汽车制造商都在对特斯拉进行补贴。”科斯洛夫斯基说。

不过，随着特斯拉销售扩大到加州以外并进入欧洲市场，那些碳排放额度将会减少。2013 年第一季度，特斯拉通过向其他汽车制造商出售碳排放额度获得了约 6800 万美元的收入，占其营收的 12%，此后的份额将逐渐减少。

时机也很重要。尽管特斯拉的 Roadster 汽车只不过是在改装的路特斯跑车上安上了一套电动传动系统，但该公司需要为主流 Model S 汽车找到一处合适的制造工厂。幸运的是，汽车行业在 2009 年出现收缩。通用汽车曾跟丰田在加州弗里蒙特建立了一家合资工厂 Nummi，先是通用汽车抽身离去，而自己也有很多大难题的丰田也在削减美国市场的生产规模。马斯克趁此时机得以凭借区区 4200 万美元就买下了这处曾经价值 10 亿美元的大型汽车制造工厂。

马斯克得以掌控特斯拉本身也是一个偶然，刚售出 PayPal 时有大笔钱在手，恰逢特斯拉的第一轮融资，很顺利地就用资本确定了最终话语权。由于投产纯电动车本身没有经验可以借鉴，由特斯拉创始人艾伯哈德承担了一系列的错误，马斯克最终得以出任 CEO，掌握经营实权。毫无疑问，美国政府提供的 4.65 亿美元贷款也帮了大忙，这些都是特斯拉发展过程中的幸运之处。

过去的发展有种种偶然因素，但更不能忽视特斯拉与现实抗争，最终得以突破万难的事实。

从前有个人，一心想要发财。他每天都去教堂祷告，祈求上帝让他中一次大奖。这样日复一日，年复一年，但他从来都没中过奖。最后，他智穷才尽，向上帝抱怨说:“你太让我失望了！”突然，上帝低沉有力的声音打破了周围的静寂。上帝说:“小伙子，帮帮忙，你想中奖，至少得先买上一张彩票啊！”

引述这个故事，是要明确幸运是行动的结果，我们要自己创造运气。马斯克率领特斯拉人满足了戴姆勒把 Smart 车改装成电动车的需求，才换来了 5000 万美元的投资；马斯克押上身家，把最后 2000 万美元全部投入特斯拉，才能等到美国政府 4 亿多美元的贷款和再之后的上市。

日本“经营之圣”、两家世界 500 强公司的缔造者稻盛和夫曾总结说，用尽全力时，神就会来相助。问题关键在于，我们是否用尽了全力。在稻盛和夫的经营历程中，我们能看到，不管是开发新型陶瓷材料，还是开辟美国市场，跨过各种关卡都在于稻盛和夫竭尽全力时，灵感来临或贵人来临，如同有神相助。

成功的人都是自己想方设法获取成功的,不存在什么窍门、秘诀或者神奇药水。你越努力，幸运之神越是眷顾你。

以下趋势证明特斯拉有着强劲的可持续增长力。

其一,电动车技术及其主要优点是燃料和维护成本的节省。

作为能量来源，电力随处可见，而且较化石能源更易得到，你可以在任何有电的地方给电动车充电，无论是在家里的车库还是度假地树林的木屋。

电机在很大程度上优于内燃机，无论从效率还是整车结构方面，电机的效率在 80% 以上，而内燃机的效率只有 15%—20%。从结构上来说，电动车的部件明显较内燃机车少很多。而从使用费来说，电价明显较油价便宜。在人口稠密和污染严重的地区，电动车也能对环境和空气质量产生积极的影响。另外，电动车除了能节省燃料费，长期来看，由于零部件较少，维护成本相对于内燃机车也更低。

其二，目前特斯拉的现金流较为充裕，超级工厂产能潜力大。这两个因素都被很多分析师低估。在年产量超过 60 万台之前，特斯拉可能不需要增加新的工厂。特斯拉目前至少拥有 8 亿美元现金，这足够支撑 X 型车的研发计划以及超级充电网在北美和欧洲的拓展及换电站计划。还有 4 亿美元将随着 S 型车和 X 型车的交付而进账，这使得第三代电动车计划得以延续。

其三，主流汽车制造商短时间内难以制造媲美特斯拉的产品。直至今天，还没有任何一个电动车（包括概念车）可以和 S 型车相媲美。通用汽车已经宣布他们在研发一款续航能力达 320 公里的电动车，但考虑到通常汽车制造商从研发模型到投入量产平均需要两年半的时间，我们可以确定，Model S 型车与 Model X 型车至少到 2016 年都不会有竞争对手。

其四，免费充电网络是关键，特斯拉已捷足先登。

120 千瓦时的充电桩可以以比公共充电桩快 16 倍的速度在 30 分钟内让车拥有 320 公里的续航能力。特斯拉充电站的技术升级是从端口提高电压而非更换设备，长期来说产生的费用很少。每个充电站花费 30 万美元，包括太阳能屋顶，这些充电站不会或是很少会给特斯拉用户增加使用附加费。就目前的合作伙伴戴姆勒和丰田或其他厂商想要在未来付费使用的情况，马斯克说，他更希望让这些不是特斯拉的用户也免费使用超级充电站,这也意味着这些公司每年会向特斯拉缴纳使用费，甚至帮特斯拉建设充电站。

换电池需要大约 90 秒，是加油时间的一半。马斯克表示只需要 5000 万—1 亿美元的预算便可将其覆盖至全美的超级充电站里。而且技术的完善和提高将在未来把覆盖全美的超级充电站的充电时间缩短到 30 分钟以下，也就是说在未来，充电的速度会越来越接近甚至超过加油的速度。

其五，各国政府、汽车租赁公司、汽车共享公司之类的需求强劲。燃料和维护的开支大幅下降，使得电动车在未来可以被广泛应用于政府、企业、汽车租赁公司、汽车共享公司以及商业汽车团队。而大多数商业团队的汽车可以在白天工作，下班后充电。这会给特斯拉第三代车在民用领域和特斯拉 S 型车在商用领域构成巨大的机遇。同时，政府或企业也会投资修建超级充电站，超级充电站也可以顺理成章地建在这些使用电动车的政府机构以及企业的周边，在减少了充电疑虑的同时还增加了使用便利性。

另外，特斯拉汽车公司拥有优秀的领袖和管理团队。许多具有传奇色彩的投资者都强调，自己投资的公司需要有一个稳定的管理团队，并长期与这家公司共同奋斗。他们与特斯拉一起走过了十年。

进军中国

毫无疑问，中国是最为重要的汽车市场，特斯拉的目标是“让可持续的交通加速到来”，如果特斯拉不在中国占据应有的份额，这个目标就不可能实现。马斯克说:“如果我们在其他市场取得进展，在最大的市场却没有进展，我们就并不算成功。”

具体布局先从搭建中国团队开始。马斯克从传统汽车市场挖来既懂中国市场，又对欧美汽车企业运作非常熟悉的专业人士，2013 年 3 月，马斯克请来宾利中国区总经理郑顺景。

郑顺景的履历很漂亮，他在宾利已经工作了超过 10 年。销售出身的他，从大昌行的员工做起，一路升为宾利中国区总经理。在他执掌宾利中国 10 年间，宾利在中国的销量连年翻番，2012 年第一季度首次超过美国成为全球第一大市场，2012 年全年在华销售 2253 辆，同比增长 23%，远超过竞争对手劳斯莱斯等品牌。找行业内最优秀的人,这也展现出特斯拉的实力和布局中国的高调。

郑顺景第一次见到马斯克时便向他提出很明确的授权，马斯克爽快答应。郑提的要求有两个：一是中国市场有它的独特性，希望在某些问题上能够特别处理；二是自己对中国市场有自己的经验和判断，当自己的判断和高层出现冲突时，有权说No。“马斯克很爽快地答应了，他是一个很直接的人，相信也会喜欢直接的下属。”郑顺景说,后来的工作中马斯克常常会直接过问某个项目的进展。

商场变化无常，职场也是。一年之后，郑顺景选择了离开。部分原因是，他突然多出了一个也熟悉中国市场的上级。2013年12月，来自苹果公司的吴碧瑄成为主管特斯拉中国区的全球副总裁，并取代了郑顺景中国区最高负责人的位置。

吴碧瑄的加盟倒很符合特斯拉的特质，意味着销售并非特斯拉目前的第一要务，而苹果式的营销以及政府公关更为重要。“苹果战胜了宾利，营销战胜了销售，科技战胜了汽车。”一名分析人士如是评价一年内特斯拉中国区负责人的变化，比较在理。

即使是2014年4月21日，马斯克高调访华，紧锣密鼓地拜访中国合作伙伴及相关方，算是宣布特斯拉中国的运作已走上正轨。但在吴碧瑄看来，2014年是特斯拉中国的创业元年，团队离搭建完成还有一大段距离。2013年9月，特斯拉正式接受中国用户的预订，吴碧瑄2013年底正式入职特斯拉时，中国团队规模大约为15个人，现在也只有30多人。特斯拉的官网上中国区仍有多份工作虚位以待。团队的构成，也显示出特斯拉与传统汽车厂商的不同。“我们这个团队很有意思，都是从各行各业来的——IT、传统汽车、电力、法务……混搭带来很多的想法和知识，给我们创造了很多创新的机会。”吴碧瑄说。

在郑顺景加入之前，特斯拉总部已经成立了一个中国委员会，由几个副总裁级别的高层组成，会定期开会，商讨策略，“讨论的范围包括财务、法务和业务三部分”。郑顺景曾介绍说。有时候马斯克会加入进来，郑顺景加盟后也主要与这个中国委员会沟通工作。

特斯拉中国开局并不好，第一大麻烦是商标被抢注了，一个叫占宝生的人提前注册了“TESLA”商标，并开价3000万美元。面对棘手的问题和日益紧迫的时间，性格强硬的马斯克指示尽快解决，可以采用“任何方法，只要合法”。据称，那段时间特斯拉副总裁戴莫伊德·奥坎奈尔在华期间，平均一天见五六个不同方面的人，从上海到北京几乎没停过，特斯拉已经对解决此事的不同方式有了初步判断。最后有个不错的结局，根据路透社报道称，2014年1月，特斯拉在中国一家法院赢得了商标权诉讼，可以合法使用“特斯拉”（Tesla）的商标。

在马斯克看来，中国市场绝对不容错过，这不仅因为中国市场潜力与美国一样大，更因为中国有一大批特斯拉的拥趸。

目前，国内对特斯拉赞不绝口的多是IT界人士，他们热衷技术和产品。2012年10月，小米创始人雷军和金山网络

CEO 傅盛一起去硅谷，在特斯拉进行了试驾以后，他们便成了这款汽车的粉丝。2013 年，雷军预订了两辆特斯拉，一辆送给自己，一辆送给他的好朋友、UC 创始人俞永福。雷军说："如果你没有开过特斯拉，你不会知道它有多酷。"傅盛甚至还针对特斯拉专门做了演讲，探讨"为什么特斯拉诞生在硅谷而不是底特律"的问题。

雪球创始人方三文曾经在硅谷参观过特斯拉的总部。他说，Model S 发布后，自己立刻喜欢上了这款车。中国宽带资本基金董事长田溯宁试驾之后也对特斯拉赞不绝口。"特斯拉是一家以软件定义的汽车公司，它把软件、云计算和数据很好地结合在了一起。"他说。

搜狗 CEO 王小川在自己的微博上写道："对特斯拉电动汽车很是动心，听说北京也有望开 4S 店，为此申请了车牌摇号，候着机会买一辆。等特斯拉汽车到手了，我一定会号召搜狗、搜狐员工所在的大厦都装上充电桩。"

事实上，特斯拉的风行代表了一种趋势，那就是科技与传统行业融合创新的潮流。

特斯拉在中国的定价，显示出特斯拉最大的诚意及马斯克把中国视为最大市场极具魄力的举措。2014 年 1 月 24 日，特斯拉公布其旗舰车型 Model S 的中国市场零售价为 73.4 万元人民币，远低于之前市场普遍预期的 200 万元左右，尤其"拉粉"们认为特斯拉从档次到价位都足以媲美法拉利。

为什么定价 73.4 万？这是马斯克亲力亲为的结果，那篇“下了很大决心”的《一个公正的价格》的博文，由马斯克亲自撰写。人民币 734000 元定价详细构成为：81070 美元是在美国的价格，运输与装卸是 3600 美元，关税和其他税计 19000 美元，增值税 17700 美元，汇率按 6.05 美元计算。在成本结构中，除了关税、增值税和其他税之外，按照 6.05 元/美元的汇率结算是一个非常冒险的决定，但也是一个能够说明马斯克决心的例子。一般来说，国外企业都会将销售产品所兑换的汇率打高，曾任苹果公司大中华区总经理的吴碧瑄告诉记者，苹果曾经一度将兑换汇率打高 10%，后人民币升值强劲才降为 7%。如果不做汇率上的风险缓冲，一旦人民币贬值，特斯拉将承担亏损的风险。

吴碧瑄介绍道："马斯克说，我们在中国不多挣一分钱。财务做的税收、成本等报表，他一个一个数字算，基本不允许任何 buffer(缓冲)，一点一点把财务加进去的东西挑出来。"

出生于北京，毕业于耶鲁大学的吴碧瑄，曾在摩托罗拉和苹果公司担任高管。她说，一般外资公司都会考虑汇率等风险因素，按一定比率提高在中国市场的价格，但特斯拉决定由自己承担这些风险。这是因为马斯克“非常坚持要给中国消费者一个公平开放的价格”。

一般而言，中国进口汽车平均售价为国外的两三倍。路虎揽胜 2013 款 SUV 在美国售价 8.8 万美元，折合人民币约 54 万元，而在中国4S店售价为140万元。知名汽车顾问机构LMC上海公司总经理曾志分析称，以电池为技术核心的特斯拉，与传统燃油豪车企业在生产环节中动辄几十亿元的投入相比，显得“轻资产”，定价上更具优势。在中国市场，特斯拉仍然保持直销模式，特斯拉不需要太多保养，这些都是特斯拉可以坚持如此公开、透明的价格的原因。

与传统的汽车相比，特斯拉的零部件少很多，以至于特斯拉基本可以靠自己的工厂生产大多数零部件，而不需要像传统汽车厂商那样从上游厂家采购。零件少，出故障的概率小多了，维修的难度也小多了。

特斯拉汽车就像一台电脑，不需要什么保养。“特斯拉做电动车的初衷，就是希望做不需要保养的车。在美国，我们做到了95%以上的车主可以在当天从维修站取回汽车。很多时候，即使出了问题，车主都不需要把车开来维修站，因为我们的车是联网的，维修人员可以通过摄像头进行远程维修。”吴碧瑄介绍说。

过去进口车多是赚眼前利益，能多赚就多赚，而特斯拉的眼光更长远，它特意透明自己的价格组合。这或许也是互联网企业与传统企业思维的不同。因为特斯拉有优良的风阻和类似于跑车的运动型设计，市场人士常将其与法拉利等超跑相比，但现在特斯拉Model S的价格仅为日产GTR、保时捷911等名车价格的一半，不到法拉利跑车的三分之一。特斯拉的定价策略站上了一个追求公平的道德高点，这让中国市场的“拉粉”们感动。“竞争对手定价较高的真实原因是，他们在中国销售的每一辆汽车的利润是在美国或欧洲的 2 倍。”吴碧瑄说，特斯拉的个性就是“颠覆”，颠覆传统豪车的秩序，打开电动车的新局面。

2014 年会是中国电动汽车元年。2014 年国内的纯电动车销量至少翻番，私购数量可能达到 5000 辆，而 2013 年仅为 2000 辆。按照北京市相关规定，2014 年私人购买纯电动车，最高可获得国家和北京市分别补贴 5.7 万元，补贴总额为 11.4 万元。按照上海市 2012 年相关规定，私人购买纯电动车和插电式混合动力汽车可在国家补贴之外，分别获得 4 万元和 3 万元的地方补贴。更为重要的是，在北京和上海购买相关《目录》规定的新能源车，可免除汽车牌照之忧。

2014—2017 年，北京市年度传统汽车牌照总量将从 24 万个减至 15 万个，上海市的传统汽车牌照拍卖已经直逼 10 万元。随着愈来愈多的城市加入汽车限购行列，国内的新能源车市场终于迎来了“破冰”迹象，其速度之快超乎业界想象。谁能在第一轮竞争中确立市场地位？对自主品牌而言，较量的可能是政策扶持力度和地方政府资源；对合资自主品牌而言，较量的则是产品、品牌和商业模式。

特斯拉布局中国的蓝图可谓雄伟而长远：“特斯拉的策略非常直接，我们想要在全中国范围内建立服务架构和充电基础设施。所以我们会在充电和服务上做出一笔大投资。然后有可能在未来三四年内，我们预期在中国进行本土生产。因为从长期来看，从加州将车进口到中国是不合理的，本土化生产更合理些。而且我想我们也会在中国建一个工程和研发中心。”马斯克2014 年 4 月到访中国时，向众多媒体如此表示。

竞争者在中国

一些中国自主品牌倒是乐见特斯拉概念风起云涌，这样它们就能搭顺风车，在整个行业大发展的背景下，攫取更多利润。

当然，中国的竞争者们的目的不仅是多赚点利润那么简单，以比亚迪和万向集团为例，它们的立意更远，所指更多。万向集团 2014 年 2 月收购了特斯拉的竞争对手菲斯科，此前收购全球知名电池公司 A123 Systems，搭建起较为完整的电动车生产链条。万向绝对是一个强劲对手。

万向这个以汽车零部件制造发家的“隐形冠军”，于 2014 年 2 月，收购了特斯拉最强劲的竞争对手菲斯科，瞬间跳到了电动车产业的最前沿，菲斯科的明星产品卡玛曾被捧为“世上第一款高端电动车”，也复产在即。万向集团是与李嘉诚之子李泽楷等国际投资者进行了多轮竞争后，拍得菲斯科的，出价 1.492 亿美元，比破产拍卖标价高出了 6 倍。可见万向布局电动车的决心。

万向集团董事局主席鲁冠球曾斩钉截铁地宣布他有汽车梦，即使自己不能实现，也要儿孙去实现。2013 年 10 月，工信部将万向电动汽车有限公司列入新增车辆生产企业的名单，给予了万向生产汽车的资质，让鲁冠球的造车梦变成了现实。

鲁冠球一直被誉为民营企业家中的“常青树”,和他同时代的许多企业家在辉煌一时后都早已烟消云散。40 年来,他把一个铁匠铺打造成被称为中国民营企业发展史上的“活标本”万向集团。鲁冠球于 20 世纪 70 年代末创建了万向 , 他把当时的一个生产农业机械的小作坊 , 发展成为了中国第一个为美国通用汽车公司提供零部件的 OEM。目前万向集团已发展成为一家横跨工业、农业、新能源等多产业格局，营收超千亿元的现代化跨国企业集团。万向是国务院 120 家试点企业集团和国家 520 户重点企业中唯一的汽车零部件生产企业。

在探求鲁冠球成功的奥秘时，有记者曾问过他这样一个问题 :“你的名字叫鲁冠球。是否是从小就想当企业家，要誉冠全球？”他听罢开心地笑了 :“不！我的名字是父亲起的。我记得儿时曾想过当这个家、那个家，就是没想过要当企业家。”鲁冠球出生在浙江省杭州市萧山区宁围镇，1969 年，宁围公社的领导找到了鲁冠球，要他带着他的 5 个徒弟，去接管宁围公社农机修配厂。鲁冠球接手的时候，宁围公社农机修配厂生产的万向节产品大量积压，没有销路，工厂有半年不能按时给职工发工资了。鲁冠球管理企业的路子正式铺开。

回首创业往事，鲁冠球曾概括说，一切都是干出来的，“别人工作 5 天，你就 365 天都不休息，尽心、尽责、尽力去做一定能成功，这就是我的成功秘诀”。当有人问管理者最理想的心态是什么，鲁冠球的回答是："不满足。"

2013 年，菲斯科濒临破产，包括万向、复星、北汽等机构，以及李泽楷的财团都有意对其进行收购。万向一开始联手豪华跑车改装企业 VL 汽车（VL Automotive）进行收购，报价 2000 万美元。菲斯科的创始人、前 CEO 亨里克·菲斯科选择了李泽楷，试图把全部资产卖给“小超人”在 2013 年底组建的混合动力控股公司。

不过这场收购最后演变为公开拍卖以及法庭上的多轮竞逐，原因是菲斯科的无担保债权人反对李泽楷财团的收购计划，反对用债权而非现金购买菲斯科。在破产法庭上，这些无担保债权人提出了内幕交易等质疑。竞购进入了公开竞争的阶段，李泽楷方面曾通过法庭阻止公开拍卖，但遭到拒绝。万向和李泽楷财团都承诺菲斯科的卡玛汽车将很快复产，并且恢复新车型的开发。随后双方不断加码，经过 19 轮竞标以后，法庭最终把菲斯科判给了万向。根据判决书的描述，万向给出的价格更高，万向也有汽车行业的资本和经验，更有“资格”帮助菲斯科。

万向集团董事长鲁冠球曾介绍说，万向从 1999 年开始就认定搞纯电动，尽管社会上对电动车的未来争议声很大，但万向的目标没有变过。鲁冠球坦言，“万向搞电动汽车已经 11 年，天天在‘烧钱’，到现在还没有赚过钱，但已经聚集了一大批人才，形成了从电池、电机、电控到电动汽车的产业体系。”

早在 2007 年 7 月，万向集团完成了对美国 AI 公司的投资，获得该公司 30% 的股权，成为其第一大股东。美国 AI 公司是通用、福特、克莱斯勒的“零级供应商”。在 2012 年并购 A123 之前，万向已与美国电池制造商 Ener1 合资建立了生产基地。之后万向又投资参股美国史密斯电动车公司，并在杭州成立了合资公司。2012 年，万向参与了同样得到美国能源部数亿美元资金支持，却深陷经营困境的 A123 的争夺战，与 20 多家有意角逐的国际机构进行较量，并获得最后的成功。

对 A123 的收购，是一次被鲁冠球形容为“水太深”的收购，还引来了美国一些政治层面上的反对，但万向志在必得。A123 有着世界领先的磷酸铁锂电池技术，鲁冠球说：“它可以让已经进入新能源领域 14 年的万向一下站到世界前沿。”

鲁冠球介绍说：“过去 10 年，万向的重大决定简单说就是两件事：第一件事是怎么从国内走向国际，怎么融入全球化。第二件事是调整、理顺万向产业结构，向新能源和清洁能源方向发展。”现在，万向在美国的新能源汽车产业线路已经显山露水。有机构把万向列为北美 20 大汽车厂商之一。从中国业界的角度来说，万向成了唯一同时具备电池、电机、电控等电动汽车关键零部件生产能力的企业。

菲斯科与特斯拉汽车是老对手。以前菲斯科辉煌的时候，Roadster的销量远比不上菲斯科的卡玛，卡玛落到了最大汽车市场最有决心制造纯电动车的万向集团手中，特斯拉的未来轻松不了。

与鲁冠球比较起来，比亚迪公司创始人、董事长王传福要高调得多。王传福甚至霸气地表示，比亚迪的电池及电机等技术已达到国际先进水平，在电动车技术上胜过特斯拉。特斯拉要向日本松下采购电池，但比亚迪拥有自主研发并获全球专利的电池技术。比亚迪新一款的电动车品牌"腾势"（DENZA）将在2014年6月发布，与特斯拉展开"厮杀"。

比亚迪腾势预计售价30万元左右。凭借着与奔驰联手开发的品牌优势，腾势具备走高端路线的实力，是特斯拉最直接的竞争对手。

几乎无人怀疑王传福对汽车的狂热。刚进入2010年，比亚迪的身影就出现在北美车展上。它是唯一来自中国的新能源汽车自主品牌整车参展商。

王传福十分清楚一个企业家最需要的是眼光和胆识。他是一个坚定的舵手，带领着比亚迪一次次杀入那些按照惯常商业逻辑难以获得成功的行业。从1995年创业至今，比亚迪已经从一家单一的手机电池生产商发展为横跨IT、汽车多产业群的多元化制造企业。

2003年末，王传福约廉玉波在上海金茂大厦谈了几个通宵。每次交谈，王传福都是激情四溢地讲着他为什么要造汽车，想怎么造汽车，比亚迪的打法和别人有什么不同。时任上海同济同捷科技股份有限公司总经理的廉玉波曾是上汽集团汽车工程院的一员，后来远赴意大利从事汽车设计，同济同捷则是他参与创办的中国最早的民营汽车设计公司。廉玉波觉得面前这个 40 多岁的安徽人和他所见过的众多民企“车疯子”很不一样。他问王传福：“你懂汽车吗？”王传福老实地回答：“我喜欢车，我看了上百本书。”

当时的王传福还不能说是一位地道的汽车内行，但他以一个制造业行家的眼光分析认为，汽车绝对是中国人的产业。这固然是一个综合多学科的产品，但 100 多年下来其中的大部分技术都已十分成熟，并非遥不可及。当提到日本人和中国人造车都需要用人工造模具，两者的成本差距高达 400% 的时候，王传福显得更加兴奋：“在电池领域比亚迪仅用 30% 的成本优势就击败了索尼、三洋，汽车有 400% 的成本优势，我们没有理由打不倒国外企业。”

这种兴奋在廉玉波心中产生了共鸣。20 多年来，他没有机会为一汽、二汽、上汽造车，因为“他们请国外的做”。廉玉波愿意跟民营企业家合作，因为只有后者才敢想敢做敢投入。但是“国内的企业后端工程能力比较弱，设计一个东西给他，往往很难做得好。他做不好的时候，认为是你设计没做好，不是他车没做好”。廉玉波老是感觉到设计公司和企业之间存在着目标的落差，因为设计公司管不了后面的工程环节，民营企业期望值过高，很容易落下埋怨。而王传福的自信完全不同于以往外行造车所表现出的无知者无畏。

对技术从没有恐惧，既是熟悉王传福的人对他的评价，也是比亚迪十几年来形成的一种内部文化。1994 年底，在王传福东拼西凑组建的十几个人的创业团队中，搞电池技术的只有他自己一人。但正是这些外行们在三个月内全部进入了各自的角色，有做产品研发的，有做设备制造的，有做生产线设计的。三个月后比亚迪就拿到了第一份订单。

从创业第二年开始，比亚迪即一路过关斩将，先后从三洋、松下、索尼、东芝等日本企业手中抢来了摩托罗拉、爱立信、诺基亚的全球采购订单。其低成本策略全面摧毁了日系电池的价格体系，迅速确定蓄电池产业全球领先地位。

出生于 1966 年 2 月，现年 48 岁的王传福是安徽无为县人，中南大学物理化学学士、北京有色金属研究总院硕士。1995 年创办比亚迪前，王传福曾是北京有色金属研究总院成立的比格电池有限公司总经理。当时一部大哥大要卖 3 万多元，王传福认定充电电池大有可为，于是向做证券投资的表哥吕向阳借了 250 万元作为启动资金。

王传福 2003 年进军汽车业，从电池大王摇身一变成为电动车大王。比亚迪所坚持的“大而全”、全产业链式发展模式尽管遭受非议不断，却是王传福一直坚持捍卫的比亚迪基因。

2009 年 5 月，王传福和比亚迪纯电动车 E6 成为巴菲特股东大会上最抢眼的明星，看看这股来自中国的“绿色旋风”吸引了哪些大佬的眼球吧——巴菲特和他的老搭档芒格、比尔·盖茨、施瓦辛格……其中，芒格称赞王传福是“发明家爱迪生和经营鬼才杰克·韦尔奇的混合体”。在中国，比亚迪是传统汽车行业最令人意外的搅局者。2009 年 10 月，比亚迪 F3 成为中国汽车产业第一个月销量超过 3 万辆的车型，这对中国汽车市场的历史是一次刷新。除了产业影响力之外，王传福还在 2009 年以 350 亿元身家成为中国首富。

在传统的 IT 零部件和代工业务之外，比亚迪的新能源板块被寄予厚望，包括电动车、太阳能和储能电站三大产业模块。从产业跨度来看，全球没有哪一家汽车公司的构想比比亚迪更宏伟，只有特斯拉能与之匹敌，这是王传福的得意之处。

特斯拉在中国的竞争者绝不仅仅是万向集团、比亚迪，至少华晨宝马认为，它的之诺 1E 纯电动车会比特斯拉的前景更广阔。

华晨宝马一直处于中国新能源车的领先位置。2013 年 4 月，华晨宝马成为首家创立合资企业新品牌的高档汽车制造商，新品牌命名为“之诺”，寓指“信守承诺”，定位于“属于中国的高档品牌”。2013 年 11 月，之诺首款车型“之诺 1E”正式亮相，成为中国首款纯电动多功能运动汽车。

之诺 1E 是首个以租赁模式推出的高档合资自主纯电动

车，月租金 8000—10000 元，租期可长可短，最短可以日租。在当前人们对纯电动车依旧充满疑虑的情况下，之诺 1E 的租赁模式可以说是摸准了市场脉搏的创新之举。对中国消费者来说，之诺 1E 的租赁模式具有三大优势：一是不用自己去摇号，大大简化了用车手续；二是从企业财务角度，租车费用可计入企业运营成本而免税，买车则属购入固定资产需要纳税；三是相比对续驶里程要求更高的私人用户，单位用户的车辆用途（包括行驶路线）相对更固定，因而充电的问题就更易解决，厂家可为其定点安装充电设施，无须像私人用户遇有紧急情况四处寻找充电站。

特斯拉的到来，给中国自主品牌车厂打开了一扇窗。不过，需要提醒这些中国竞争者，特斯拉的核心技术也许不是最先进的，但是其独特的商业模式或许难以模仿，难以轻易超越。

4

马斯克的启示

世界上任何伟大的成就都离不开激情。激情是不能假装的，也不像电灯开关一样想开就开，想关就关。它必须从一个真正可靠的源泉传递出来，一旦形成，就会一直持续。

马斯克绝对可以成为新时代的职场偶像。他在宾夕法尼亚大学读本科的时候，就认定未来对全人类最有影响力的三个领域是互联网、可持续能源和航天技术。他付诸了行动，先后创立了 PayPal、SpaceX 和特斯拉公司，每家公司都引领着所在产业向前发展。

不同人眼中的马斯克

1. 完美布局者

2013 年对马斯克来说，可谓精彩纷呈，足够拍一部电影了。2013 年 5 月，他名下的 SpaceX 公司成功地从卡纳维拉尔角发射了一枚长约 70 米的火箭，将“龙”飞船送至距地球表面约 350 公里的国际空间站，与其实现了对接。美国国家航空航天局将此形容为“绝对难以想象的”壮举。已于 2010 年上市的特斯拉，开始于 2013 年 6 月交付纯电动 Model S 豪华轿车，并将很快在全美国建造充电站。

2014 年初，特斯拉宣布将斥资 20 亿美元建造一家大型工厂，主要用于大型电池生产。特斯拉考虑将这家工厂设在美国西南部某个州，比如亚利桑那、新墨西哥、内华达或者得克萨斯。此外，特斯拉还表示，预计到 2020 年，其合作伙伴将再投资 30 亿美元在这家工厂上。该公司目前的电池供应商日本松下公司也将参与进来。据《纽约时报》报道，该计划的目的是以更快的速度生产电池，并直接从金属矿中进行生产，而不是采用现成零部件进行生产。

到 2020 年，按照计划，特斯拉的超级电池工厂每年将能生产 50 万个锂离子电池。这比 2013 年全世界汽车供应商所生产的锂离子电池总和还要多。马斯克认为，一直以来，有限的电池供应阻碍了电动汽车快速扩张的脚步。特斯拉想通过自己生产电池这一举措，掌控命运。

如果这一计划顺利实施，马斯克离他的终极目标可能就不太遥远了。不过，这仅仅是马斯克解决电池的未来布局。马斯克的实践远不止这些，狂想更不止于电动汽车。

从特斯拉电动车公司公布的战略部署来看，产品只是整个计划的一部分，目前在建的“超级充电网络”才是马斯克真实的意图。

特斯拉目前正计划将高速超级充电站网络在年内覆盖全美境内，从而使驾驶特斯拉电动汽车的车主能够完全凭借电池从美国西岸城市洛杉矶开到东岸城市纽约。此外，该公司将把建造超级充电站的速度加快一倍，2014 年将拥有 100 多个超级充电站，而到 2015 年将拥有两倍于此的超级充电站。

马斯克还是 SolarCity 公司的董事长。2006 年，马斯克提出创意并做出投资，帮助自己的表亲彼得 · 莱夫和林登 · 莱夫兄弟创办了专事家用光伏发电的 SolarCity。这家位于加州福斯特城的公司主营家用光伏发电项目，而电动车充电设备也是这家公司的重要业务。SolarCity 致力于开发民用和商用太阳能市场，公司很快将上市，估值大约为 15 亿美元。

想象一下你是两家公司的 CEO 和第三家公司的主席，而且在三家公司的股份比谁都多。同时，这些公司还有世界上最好的工程师团队，每天在解决一些世界上最棘手的问题，试问还有什么比这个更具挑战的？

马斯克在采访时表示，自己对特斯拉和 SpaceX 投入的精力“大概五五开”，而对 SolarCity 只能给很少的关注。

在“猎鹰”9 号火箭、“龙”飞船，以及特斯拉 S 型车上，SpaceX 和特斯拉已经共同使用了他们研究出的锂离子电池包。特斯拉已让 SolarCity 向其提供 8 千瓦时的电池包，同时，SolarCity 自 2012 年开始也在为特斯拉建设超级充电网。两年之内，SolarCity 希望从特斯拉引进一个同时包括太阳能电池板的电池装置，让这个装置白天储存能量，晚上供应电力。这样的合作是马斯克完美布局的体现，无疑对三家公司不管是技术的改进还是成本的降低等方面都非常有利。

2. 傲慢的对手

每到周五，马斯克都会召集工程师，在一间飞机修理库开会。这间老旧的修理库位于好莱坞公园赛马场和赌场以南几英里，现在是马斯克名下特斯拉汽车公司的研发基地。2013 年 7

月的一次会议现场，Model S 轿车和公司即将推出的 Model X SUV 的车架就摆在墙角，动力传动系统原型和驾驶室实体模型就摊放在水泥地上。

员工围在马斯克身边，他正全神贯注地检查一块车窗遮阳板。马斯克横竖看不上自己手里的这块东西。他检查了接缝处，发现有了这条接缝，遮阳板表面“像鱼嘴一样”鼓了起来。他宣称，他要找到世界上最好的遮阳板，然后做出更好的来超过它。

会议移师停车场继续进行。这里停放着多家竞争对手的汽车，它们都在等待着马斯克来评头论足。身高近 1 米 9 的马斯克先是将自己塞进了一辆现代豪华车的后座，然后又钻进了讴歌 SUV。他嘲笑讴歌的第三排座椅局促得好像“侏儒窝”。他说：“看到其他车有多么糟糕，我感觉好极了。”

仅 2012 年一年，生产讴歌的本田汽车公司就卖出了 20 万辆混合动力车，丰田汽车公司卖出了 62.9 万辆。而特斯拉在九年时间里累计才生产 2450 辆汽车，远不在一个竞争层面。

即使这样，面对那些规模大得多的竞争对手付出的种种努力，马斯克总表现出很不屑的态度。有分析师曾要马斯克对宝马 i3 电动汽车做出评价，他第一反应就是忍不住笑了，他回答说，“我很高兴看到宝马进入电动车市场，这是很酷的一件事情。但宝马 i3 还有提升的空间。”然后又和分析师一起坏笑。马斯克也曾毫不客气地批评竞争对手亨里克·菲斯科，并挖苦说：“他觉得电动汽车缺的是造型，但这其实是技术问题，长得像电动车并不一定是电动车。”

马斯克可是个性情中人。《纽约时报》一个专栏作家曾经批评他的电动车只是有钱人的玩意儿，还要申请联邦贷款，完全是无视民生。马斯克逮着机会就和媒体记者说："那人是个笨蛋。"

马斯克的朋友和同事已对马斯克的这种傲慢习以为常了，他们形容马斯克是史蒂夫·乔布斯、约翰·洛克菲勒和霍华德·休斯的综合体。傲慢的背后，是其卓越的才华。

PayPal 共同创始人、硅谷风投达人彼得·泰尔曾评价说："马斯克像是从过去那个不太讲求循序渐进的年代穿越而来。他所创建的公司，其愿景不是以几年，而是以几十年来丈量。”在硅谷打拼多年、曾与马斯克在一家视频游戏公司共事的企业家布鲁斯·利克说："当他跳跃着前进时，他拥有比尔·盖茨那样的能量，而他现在放慢了脚步，因为他实在是太聪明了。”马斯克的朋友、电影《钢铁侠》的导演乔恩·费儒说，在将漫画英雄人物、制作了飞行盔甲的花花公子发明家托尼·史塔克搬上大银幕时，他头脑中想到的人物原型就是马斯克。

3. 太过算计的丈夫

马斯克的第一任妻子，讲述了她和埃隆从相识、相恋、相知到最后分离的故事。故事的大致图景是：一个梦想成为作家的女文青，遇上一个智力超人、干劲冲天的创业家，看出了马斯克是个很会算计的丈夫。作为小说家，她在自己博客里记录了与马斯克的故事。

> 2008年，春天即将接近尾声的时候，我那富有的丈夫埃隆·马斯克提起了离婚诉讼，他是一个事业很成功的男人，也是我五个年幼孩子的父亲。6个星期过后，他发短信告诉我，他已经和一个来自英国的魅力女星订婚。她名叫妲露拉·莱莉，20多岁，已经搬到洛杉矶和埃隆同住，曾经饰演过2005版《傲慢与偏见》中姐妹中的一个。让我感到惊讶的两件事是：1.《傲慢与偏见》真的是一部不错的电影；2.我和这个男人的生活已经成为过去式。
>
> 我第一次见到埃隆时，也不是金发女郎。那时我是一个颇有抱负的作家，来自一个小镇，刚从一段复杂的情感纠葛中脱身。埃隆并不是我想象中白马王子的形象。他大我一个年级，出身于上流社会，外表整洁利落，说话时带着一口南非腔。一天下午，在回宿舍的楼梯间，他出现在了我的面前。他说，我们本可以在一次派对上相遇的，只是那时我没去（多年以后，他向我坦白说他在公共间的时候瞄上了我，此后决定要同我见面）。他要请我到外面去吃冰激凌，我当时答

应了，但后来又反悔了，只在宿舍门上贴了张纸条，告诉他我不想去了。那时我待在学生中心一间闷热的房间里，埋头阅读西班牙语课文，几个小时后，我听到了背后轻轻的咳嗽声。回头一看，埃隆尴尬地冲我笑，他手中的两个巧克力冰激凌筒正往下滴，他是那种会带着东西来询问答案的男生。

他是一个十足的科技男，在家的时候老爱钻研数字、商业和逻辑方面的问题。我并不是他唯一追求的女生，但他转到沃顿商学院后还是坚持给我送玫瑰。有一次，我们一起去书店，我指着书架说："我希望有一天我自己的书也会摆在这个架子上。"在这之前，我和一个女性朋友也提过自己的想法，当时她放声大笑，差点崴到自己的脚。但埃隆的态度却一本正经的，好像颇为触动。这也是第一次一个男生认为我的抱负——而不是我的长头发和小蛮腰——让人着迷。以前的男朋友都抱怨我竞争性太强，但只有埃隆说"你的灵魂中有一团烈焰"，当他告诉我"我在你身上看到了自己的影子"，我能真切地体会到他的意思。

我毕业之后，在日本教了一年的英语课程，和埃隆暂时分开了。回到加拿大后，我找了一份吧台的工作，一边创作自己的小说，一边思量着去日本还是读研。有一天晚上，我对妹妹说，"要是埃隆再打电话给我，我就会继续读书，也许曾经我在那里遗落了什么东西。”一个星期之后，他拨通了我的电话。研究生毕业后，埃隆搬到了硅谷。他和另外三个室友合租了一套公寓，成立了自己的第一家公司 Zip2。接下来我不断跑过去看他。一天晚上，吃晚餐的时候，他问我想要几个孩子。“一个或者两个，”我爽快地回答，“但如果我请得起保姆，我就想要四个。”

他笑了笑。“这就是我们两个之间的区别，”他说，“我只是假设我有保姆。”他挥动着手臂，做了一个摇滚的动作，然后欢快地叫了声，“宝贝。”然后他带我进了一家书店，将他的信用卡递给我，“你想要多少书，就买多少。”他说，那时候我觉着他简直是世界上最甜蜜的男人。

两年过后，离我们 2000 年 1 月份的婚礼还有两个月，埃隆约了一位律师，帮助我们签订一份“财务协议”，这是他新公司的董事会提出的要求。我怔怔地看着他时，他马上解释道，“这可不是婚前协定。”如果说之前我只是和这个 20 多岁的干劲十足的小伙子约会，那么现在我和这个有钱人订婚了。埃隆出售了 Zip2，他之前与多家报纸合作，并帮助他们上线。1999 年，也就是一年前，一夜之间，Zip2 的价值已经超过了 2000 万美金。他购买了一套 1800 平方英尺的公寓（之后还改装了）、一辆价值百万美元的迈凯伦 F1 跑车，还有一架小飞机。我们还是像往常一样过日子（除了新增的飞行课之外），我有时候会觉得埃隆的财富是那么的抽象、不真实，这件事情本身似乎总存在一种无以名状的虚无。我感到很不安，时常开玩笑说他哪一天会为了某个超级模特抛弃我。事实上，他向我求婚了，在一个街角，单膝跪地，征得我的许诺。

他将新赚取财富中的大部分，投入了他的第二家公司 X.com，一家网上银行机构，后来又发展成为现在的 PayPal。也许这家公司的董事会也催促他签订一个“财务协定”，我当时不明白为何他将我引入一种“调解”程序，现在我才明白这意味着我们所说所做的都是保密的，而且不能成为法庭证词。但那时候我没时间去想达成“调解”这回事，也没去深究它的利弊，实则，它很少为关系中弱势的那方服务。多年以后，我才开始用心学习这些东西。我们结婚 2 个月后，我爽快地签了一份婚后协定。我信赖我的丈夫——我嫁给他难道是为了其他的东西吗？我告诉自己，一切都很好。我们是灵魂的伴侣。我们不可能离婚。我无法想象没有埃隆的生活将会是何种光景，这一点在他求婚的几个月前我就意识到了。那是在他朋友结婚前，一个暖春的午后，我们睡在一起小憩，我将手臂环绕在他的胸膛上，觉得他简直就是我的亚历山大大帝，并且只属于我一个人。

但是，我们的关系还是出现了一些“警示信号”。在婚礼招待会上，我和埃隆共享舞曲时，他对我说，“这段感情中，我是主宰者”，当时我只是像之前签婚前协定那样，不以为意地耸耸肩，但随着时间的推移，我慢慢发现他说那句话时是很认真的。他成长于南非那种以男性为主导的文化背景中，竞争和征服的意志帮助他在商业领域获得了巨大的成功，即便回到家中，他也难以放下这种心智模式。这就导致了我们之间巨大的经济失衡。我们结婚后的几个月里，某种机制开始形成，并主导了我们的关系。埃隆总是以自己的判断来震慑我，不断地向我发难，指责我的不完善。“我是你的妻子啊！”我一次又一次地对他说，“我不是你的雇员。”

“如果你是我的雇员，”他也经常说，“我一定会把你炒掉。”

2008 年春天，也就是我们结婚 8 年后，一场车祸把我从“睡梦”中惊醒。撞车的那个时刻久久地停留在我的脑海里：我清楚地记得对方的面容，那时她正拿着一个手机打电话，惊恐地看着我，一切都是如此地清晰，我们之间的距离好似蓦然间消失了。她的车撞上我的，车身金属变了形，汽车因阻力停了下来的那刻，我的第一反应居然不是“谢天谢地，我们都没受伤”，而是，“丈夫一定会杀了我的”。透过内心，我看到了一个这样的自己：一个瘦削的金发女人，跌跌撞撞地从一辆豪车里走出来，车的前轮已经被撞扁了。

我简直认不出自己这副模样了。我已变成了一个花瓶妻子，对此我深恶痛绝。车祸不久后的一天，我蜷腿坐在床上，胸脯贴着膝盖，两眼泪光闪烁。我告诉埃隆，语气温柔，但十分坚定，“我们的生活必须改变”。我不愿只是富有丈夫生活中的旁观者，我要平等。我需要爱，也需要被爱，就像以前他还没有赚到很多钱的时候那样。

埃隆同意和我一起去心理咨询，但那时他经营了两家公司，面对巨大的压力。三个疗程（一个月）过后，他向我发出了最后通牒：我们要么今天就解决婚姻问题，要么明天离婚。我明白他的意思，“我们的现状在我看来可行，所以于你应该也没什么问题。”第二天早晨，他提起离婚诉讼，我脑中顿时一片麻木，却感到出奇地释然。

签订婚后协定八年后，我才开始懂得自己之前所做的究竟意味着什么。作为一个处在婚姻关系中的人，我居然草率地放弃了自己所有的权利，包括对于夫妻共同财产的要求，当然，除了我们的房子，因为我们有了小孩之后，房子就授予了我。

虽然我和埃隆越来越疏离，但我从来没对这场婚姻后悔过。我曾经也一度愤怒过，为埃隆对我的抛弃，以及我自己的异想天开。但我始终还是敬佩他那种聪颖睿智的人。对于离婚，我也不后悔。孩子们在健康成长，我和埃隆共同拥有对他们的监护权。现在的我，内心宁静，对于生活，我时常抱以深深的感激之情。

4. 纨绔子弟

投资者似乎相信马斯克有能力实现特斯拉汽车高屋建瓴的目标，尽管他在“运营”Twitter时偶尔也会犯错，比如他会在Twitter上表示向《纽约时报》“宣战”之类。“我经常都会说错话，”马斯克说道，“鉴于我会发一些疯狂的Twitter消息，我不太肯定你们是否能判断我的账号被黑了。”

在公众视线里，天资聪颖、风流倜傥的马斯克的名字常常出现在娱乐报道里，时常以纨绔子弟的形象出现，比如他曾经买过一辆迈凯伦F1跑车，买过私人飞机，而且无法长久地停留在一个女人身边。

马斯克和好莱坞的关系密切，与影星乔治·克鲁尼、导演詹姆斯·卡梅隆的关系较密切。在电影记录里搜索他的名字，也有长长一串结果：他曾为三部电影当过制作人。早在2001年，马斯克的妹妹托斯卡·马斯克成立了独立电影制作公司“马斯克娱乐”，马斯克担任出品的第一部电影《猜谜》的制作人，其他较为知名的电影有2005年的《感谢你抽烟》(*Thank You for Smoking*)，这部电影里出现的1994年款Dassault Falcon 900飞机是登记在马斯克名下的。

马斯克还在七部电影和电视剧中客串了他自己，其中就包括系列电影《钢铁侠》。在《钢铁侠2》中，马斯克出人预料地出现在摩纳哥大奖赛这一幕中，与斯塔克互相寒暄，虽然镜头不多，但导演还是为他安排了一段对白。马斯克说：“我想到一个关于电动喷气式飞机的好点子。”斯塔克则回答：“你有吗？那咱们就开始干吧。”电影《钢铁侠》中一部分镜头还是在SpaceX空旷的厂区拍摄的，在最后的字幕表里，埃隆·马斯克的名字也列在“特别感谢”那一栏。

马斯克本人住在比弗利山庄旁边的Bel Air，这个社区的居民非富即贵，其中不乏好莱坞明星。2006年8月，当特斯拉的第一代跑车Roadster还没有影儿的时候，影星乔治·克鲁尼第一个站出来交了预付款，而他的明星效应立刻让名不见经传的特斯拉受到众多关注。

马斯克还有花花公子的名声。他的第一场婚姻众人皆知：其前妻，同时也是大学时代恋人的贾斯汀和他共有五个儿子(一对双胞胎和比之小两岁的三胞胎），离婚后，两人共同享有五个儿子的监护权。然而在离婚时，贾斯汀不断地在博客上曝光离婚细节，尤其财产纠纷的部分，最后闹得不欢而散。

2008 年，马斯克在伦敦认识了当时 23 岁的英国女星妲露拉 · 莱莉，相识不到一个月，他就向妲露拉求了婚。但两人于 2012 年 1 月离婚，马斯克在推特上宣布了这一消息。

虽然马斯克婚姻生活不如意，但是他十分疼爱自己的孩子。有媒体问他，你怎么看待“钢铁侠”？马斯克这样回答：“我有五个孩子，我每周末都和他们在一起。我常常和他们去迪士尼，但我不觉得‘钢铁侠’也会这么做。”

职场规划

马斯克绝对可以成为新时代的职场偶像。最值得一提的是他的职场规划。马斯克在宾夕法尼亚大学读本科的时候，就认定未来对全人类最有影响力的三个领域是互联网、可持续能源和航天技术。每个人都曾有过臆想，但他付诸行动，他先后创立了 PayPal、SpaceX 和特斯拉公司，每家公司都引领着所在产业向前发展。

马斯克在 2007 年末决定向特斯拉投入最后的 2000 万美元。他是不肯轻易服输的人，因为对他而言，有比创建一个可持续生存企业更重要的人生追求。内燃型引擎让全世界都依赖石油，导致气候变化，大量财富也转向产油国，同时还加剧地缘政治紧张。他相信，汽车工业在内燃引擎上的各种支出太多了，这类建立在 19 世纪科技上的引擎的存活期远远超过了它的有用性。他相信，特斯拉公司能够开启电动车时代，从根本上解决问题。

兴趣、改变世界的激情大于金钱，这是马斯克的故事给职场中人最大的启示。

世界上任何伟大的成就都离不开激情。激情是不能假装的，也不像电灯开关一样想开就开，想关就关。它必须从一个真正可靠的源泉传递出来，一旦形成，就会一直持续。

伟大的领导者诞生于追求伟大目标的过程中。没有一个伟大的目标，不管你遵循什么领导原则，都不能成为一个伟大的领导者。

再以 Facebook 创始人扎克伯格及日本软银集团创始人孙正义为例。

Facebook 并不是社交网站的开创者，创立之前，社交网站不少，校内的社交网站也不少。当 Facebook 的前身 Thefacebook 在 2004 年 2 月成立时，万众瞩目的 Myspace 在美国已拥有超过 100 万名用户，并且很快在社交网络领域占据了统治地位。哈佛大学的交友网站 ConnectU 也在 2004 年 9 月时拥有了 50 万用户，遍及 500 所大学。也就是说，扎克伯格的创意一开始不见得那么惹眼。但是，我们要问，为何 Facebook 成为了社交网络之王？

Facebook 之所以有后来的发展，并在公司成立一年后估值高达 1 亿美元，能赢得阿克塞尔合伙公司 1270 万美元的投资，最重要的原因在于，扎克伯格越来越清楚自己将要把 Facebook 带向何方，他的未来蓝图越来越清晰，越来越宏大。

扎克伯格的目标是创造、主导一个全新的网络社会。谷歌和其他搜索引擎可以帮人们查找信息，但是扎克伯格会说:“我们关心最多的信息都存在脑子之中，Facebook 就好像用一根电路把我们的脑子和计算机连接起来。”

扎克伯格表示：“我致力于将这个世界打造成一个更为开放的地方。”有了这样的信念，你会发现在 Facebook 成长过程中，缔造者忍受住越来越大的诱惑，出售公司的报价越来越高:1 亿美元、10 亿美元、20 亿美元、100 亿美元、200 亿美元……但他都未为之所动。

Facebook 如今成为最具世界影响力的社交网站，不得不提风险投资家的作用，马斯克的前同事、PayPal 公司共同打造者彼得·泰尔在投资 Facebook 上是第一个吃螃蟹者，早在 2004 年秋他就投入了 50 万美元换取 10% 的股份，后来这笔钱已成长为数十亿美元，这是硅谷历史上最伟大的投资之一。

和马斯克类似，日本首富、软银集团创始人孙正义把大学时期的规划当真了，且 30 多年来执行得相当不错。19 岁的孙正义就制定了“人生 50 年规划”，让人讶异的是，现今 57 岁的孙正义一路走来，都在实践着作为大三学生时的规划路径。孙正义曾这样规划:“无论如何，20 多岁的时候，是正式开创事业、扬名立业的大好时光”；“30 多岁的时候，至少要赚到 1000 亿日元”；“40 岁的时候，一决胜负，为干出一番大事业，开始出击”；“50 多岁的时候，成就大业；60 多岁，交棒给下任管理者。”

比孙正义大10岁的作家井上笃夫感慨道:“20多年来我一直以一个历史记录者的身份在关注他。他所说过的话，尽管枝节部分会有所出入，但根本的部分却是样样都变成了现实。”

总结创业30多年来的经验时，孙正义分享说，选择将来会成为主流的行业是关键。要第一个觉察发展趋势，及时调整营业情况，“选择枝叶或者夹缝，可能获得一时的成功，但终归成不了气候，不能指望将来获得巨大的成功”。

伟大的企业家都拥有梦想或者拥有惊人的洞察力。他们和普通梦想者的区别就在于他们实现梦想的心情更为强烈，这激励着他们踏踏实实地向前迈步，到达取得成功的第二个关键的阶段——执行阶段。那些缺乏这种迫切心理和驱动力的人只能对他们的成就望洋兴叹。

创始人有着强烈的使命感，才能让公司充满目标。有目标的公司能够看到市场的需求，并想出一个前所未见的办法来满足这种需求。

山姆·沃尔顿看到美国农村的人，设想有一天他们能够买到大城市那些富人们早就可以买到的商品，于是有了沃尔玛的成功。赫布·凯勒赫看着高速公路，设想出一个走低价路线的航空公司，让人们不用开车转乘飞机，西南航空公司的传奇就此展开。全食超市的约翰·麦基看着百货行业，就设想一种提供既对人体有营养，也有利于社会和环境的食品的方式，于是有了最佳雇主全食超市的诞生。

同理，职场中也只有具备强烈的使命感，才能推动自己不断前行，克服万难，创造出属于自己的事业，哪怕这个事业不是惊天动地，也必将独一无二，值得骄傲。

规则是用来打破的

机遇无处不在，只要你注意观察，在任何时间、任何地点，你都能发现很多亟待解决的问题。如 SUN 公司创始人之一维诺德·科斯拉所说的：问题越大，机会也就越大，没人会花钱请你看热闹。大部分人遇到问题时，第一个想到的就是这问题似乎无法解决，因此忽视了那些有创造性的方法，即使这方法摆在眼前，也都被我们错过了。

每一个普遍的规则都有例外。所有知名的企业都有一个相同的秘诀，即要做到与众不同。这就意味着要打破常规，甚至要打破自己立下的规矩。

马斯克的创业历程，就是不断打破规则的历程。没有多少人敢去尝试经营发射火箭的业务，这是极其专业的技术，高度垄断、高风险的领域，且之前除了拥有梦想外，他没有任何相关准备。但马斯克一步一步推行自己的计划。招聘人才、租用场地，失败一次、二次、三次之后也不言放弃。同样，纯电动跑车的经营过程，马斯克也在打破一个又一个旧汽车产业的旧规则。

人们总是给自己制定规则，用这些规则编织牢笼，把自己限定在特定的角色中，看不到无限的可能性。谷歌的创业故事也鼓励着人们要适度藐视看似不可能的任务，冲破既定规则。“创办谷歌的时候，我和谢尔盖还是斯坦福大学计算机科学专业的博士研究生，”拉里·佩奇曾在大学讲述过自己的创业故事，“我们当时还不确定自己到底想要做什么。我有一个疯狂的想法,就是要将整个网络都下载到我的计算机上。我告诉我的导师我只需要一个礼拜来完成这项工作。可是,在经过一年左右之后，我仅仅完成了一部分。”学生们哄堂大笑。原本谷歌两小伙想用自己的技术换点钱花，因为当时他们认为取得博士学位是优先选择项。不过，没人接受 100 万美元的报价。在听了谷歌小子不厌其烦地吹嘘谷歌的技术优势及光明前景后，雅虎的共同创始人大卫·费罗提供了一个后来被证明很英明的建议：“如果你们真的相信自己的搜索引擎独一无二，最好的选择是暂停在斯坦福大学博士阶段的学习。如果这个搜索如你相信的那样，它就一定会很快站稳脚跟。因为，互联网成长速度惊人，用户总是被吸引到最棒的服务和网站上。”

于是，迄今为止最伟大的创业开始了。

冲破规则，意味着阻挡重重。“所以乐观精神很重要，”佩奇接着说，“在设定自己的目标时，你需要有一点傻劲儿。”

沃尔特·迪士尼在 1934 年决定做一件电影业前所未有的事情：创作一部动画电影长片。迪士尼在创作《白雪公主》这部片子上投入了公司大部分资源，不顾把这件事称作“迪士尼蠢行”的大多数电影从业人士的冷嘲热讽。毕竟，有谁愿意看卡通电影长片呢？在经过20年，出品了一连串动画电影长片之后，迪斯尼又做出另一个冒险的决定，要做另一件“迪士尼古怪的构想”，建造一个非常新颖的娱乐园区，即后来闻名于世的迪士尼乐园。

规则往往是用来打破的，俗话说，“与其请求许可，不如恳请原谅”。多数规则就像是位于最底层的公共管理者，把那些不知道该怎么办的人限制在界限以内。

打破规则还有一种方法：打破自己对自己，以及他人对自己的期望。

当你不再一步一步地机械行事时，一切妙事都会降临。只要人们愿意突破传统想法，不为个人和他人赋予的期望所困，就能发现众多选择。不要害怕走出舒适区，要学会正确地藐视所谓不可能的事，彻底地改变陈旧想法。你的干劲和你的想象是唯一的决定因素。

慢慢地，我们会逐渐发现世界上的人分两种：一种人做自己想做的事要先经过别人允许，另一种则自我批准。这就是说，一些人从自己身上找动力，另一些人则等待着外部力量把自己推向前进。

斯坦福大学心理学专家卡罗尔·德韦克的研究结论表明，对自己擅长的事持固定型心理定向的人很少敢于冒险，害怕连自己固有的能力也失去；而成长型心理定向的人则敢于冒险，倾向通过更努力地工作达成目标。他们乐意尝试新鲜事物以增强自己的能力，还在尝试过程中不断学习全新的技能。

2014 年 5 月 16 日，马斯克在南加大商学院毕业典礼上发表演讲，他谈到了关于创业的几件重要的事情：一是努力工作，二是吸引优秀人才，三是将核心放在把产品和服务变得更好上，四是不要单一跟着大趋势走。

成事的人是自我燃烧，并且还能把能量传递给周围的人，他们绝不是按照他人吩咐、等待他人命令后才开始行动的人，而是在指令到来以前，自己率先成为别人的榜样，勇于打破规则的人，是富有能动性、积极性的人。

起死回生

年轻人都愿意谈论成功，如果你根本就没有失败过，又有何资格谈论成功！我们一直坚定地认为，没有经历过重大挫折便不可能大有所成。巴菲特的导师格雷厄姆感谢 1929 年股市大崩盘带给他的破产经历，因为他最终走出了人生低谷，爬上了更高的高坡。乔布斯被赶出自己一手创办的苹果公司，这是极为羞辱的事，但他东山再起，证明自己在艺术、科技、商业融合方面独占鳌头。与后来特斯拉、SpaceX 公司在金融危机时陷入破产境地相比，马斯克被 PayPal 董事会赶走只是一件无关痛痒的小事。马斯克的经营历程让我们认为，起死回生是王者的必备条件。

马斯克孤注一掷地把他所有的钱投入他深信不疑的事业。终于，所有的付出换来了 SpaceX 第三次火箭发射成功，别的公司要花二三十年做的事情，SpaceX 做了 6 年，同时也换来了美国国家航空航天局 16 亿美元的订单。马斯克在特斯拉起死回生的故事在“只差三天就破产了”那一节已有详细阐述。在此，以 T. 布恩 · 皮肯斯的案例来使这一概念更加形象、生动。

跌入低谷前最辉煌的时候，皮肯斯身家过亿。68 岁重新起步，用仅剩的 300 万美元赚回 80 亿美元。皮肯斯称自己是当今世界上“最幸运的老头”，并坦言自己在 70 岁以后所赚的钱要比他 70 岁以前所赚的都要多。也正因为皮肯斯能起死回生、东山再起，业界人士无不尊其为王。

世界“油王”T. 布恩·皮肯斯的人生故事是这样的：白手起家，狂赚几亿美元，后遭朋友暗算，被踢出一手创办并成功发展 40 年的公司，同期不得不应对麻烦缠身的离婚官司，终得抑郁症；68 岁从头开始，二次创业有大成，赚到人生第一个 10 亿美元，接下来是好几十亿……

皮肯斯先是石油行业的破坏者，创造了新秩序，后有“油神”的尊称。皮肯斯 26 岁时创办了属于自己的公司，此前，他的人生经历与常人并无太大不同。皮肯斯大学毕业后的第一份工作也枯燥无趣：大公司、官僚作风盛行、效率低下、资源浪费，让人难以忍受的还有领导不听取底下职员的建议。总之，皮肯斯很是不得志。一日，妻子厌烦他不停抱怨工作，随口回应：干吗不辞职？第二天，皮肯斯就正式提出了辞职。

即便成功地迈出了创业这一步，而且还能让公司蒸蒸日上，但这离行业领袖还差得太远。我们先是规则的遵守者，有所成后必定要成为破坏者。作为破坏者，需要忍受旧权贵的不屑、嘲讽、攻击，并一一化解，最后才能得到“诚服”。

梅萨公司上市不久，皮肯斯的脑子里有了个想法，那就是从纽约证券交易所找油气资源要比在墨西哥湾或者荒漠之地自行开采便宜得多。这个想法彻底改变了梅萨公司，他们制订出计划，对那些合适的目标（实力薄弱、股价较低、管理混乱的大型石油公司）进行注资。“一旦锁定目标，我们先提出条件，如果对方管理层拒绝，我们就展开收购。要么他们主动改变立场，要么我们帮他们改变立场。”当时 56 岁的皮肯斯就像龙卷风，已经成为当时美国最著名也是最具争议性的商人。由皮肯斯掀起的收购潮蔓延整个美国，收购新术语也在当时背景下不断被创造出来。比如金降落伞（给解聘高管的一种特别补贴）、白衣骑士(辅佐首席执行官,在并购中拯救公司的个人或企业)、防鲨措施（改变公司章程等遏止收购的极端措施)、毒丸（使目标公司失去吸引力从而避免收购的战略），等等。

1985 年收购优尼科公司之后，皮肯斯不得不停止了猎象行动。这一系列作为破坏者的行动后，梅萨公司发展为全美最大的独立石油天然气公司之一，80% 的天然气占有率也顺理成章地让梅萨公司成为了石油巨头。1996 年，皮肯斯因在天然气价格的一场豪赌中下错赌注而背上了沉重债务，导致梅萨石油公司被其他公司购并，皮肯斯最后被迫离开自己创建逾 40 年之久的公司。在人生低谷时，皮肯斯倾诉说:“我离开了梅萨石油，那个由我一手创办并工作了 40 年的地方。我的婚姻走到了尽头。我的财产每天都在缩水，但最令我惊讶的是，医生竟然说我患上了抑郁症。那年我已经 68 岁了。”1996 年 9 月，皮肯斯再次创业，并为新公司 BP 资本确定了明确的目标：成为顶尖的上市公司。皮肯斯的新公司成立了，原来有 400 名员工，现在只有 6 名。谁都知道，皮肯斯失去了许多支持的力量。不过，皮肯斯从不放弃，并一直拥有这一信条：做最拿手的事情。

皮肯斯有勇气从头再来，68 岁连续考了三次才拿到基金经理资格证书后，他的投资业绩还是惨不忍睹。由于对期货市场不熟悉，头两年，他的投资业绩是亏损 90%。即便这样，他最后还是凭借 300 万美元赚回 80 亿美元。

皮肯斯告诫说：留在场内是起死回生的前提条件。每个人都被赋予第二、第三和第四次行动的权利，要多少有多少。但必要条件是，保持身心健康，以便使自己留在场内。我们是唯一能限制自己的人。

企业家最重要的品质是自信，以及为这种自信而坚持不懈的精神。企业家的自信不是简单的一种品质，而是勇气、乐观、自信和自强的综合体。企业家的自信包括乐观，这也是起死回生时最重要的品质。尽管企业家们通常对未来的社会有着各种各样的认识，但他们却肯定对自己、对自己的组织和企业充满着希望。悲观主义者通常不会有什么建树，为什么要投资前景惨淡的未来呢？具有企业精神的乐观主义者并非对他们周围的问题视而不见，而是把这些问题看成创新的机会。

优秀 CEO 们的傲慢

5 年前，汉哲森是马自达北美地区的设计总监，某一天他突然接到了马斯克打来的电话，而在此之前两人根本不相识。一通电话之后汉哲森来到了特斯拉，负责 Model S 的设计工作。“马斯克是不好相处的老板，”汉哲森坦陈，“他对工作总是有高标准，很多时候下属总是很难让他满意；他总是处于不断向前奔跑的状态，有时候让我们很难跟上他的步伐。”

这时汉哲森突然话锋一转：“但是和他一起工作是一种激动人心的体验，他总是打破壁垒和常规，并鼓励我们做同样的事情，这让我们受到鼓舞。”

其实，对于马斯克的评价，汉哲森算是比较客气的。在特斯拉发展的 10 年间，马斯克强硬的性格曾经得罪过不少人。“对马斯克的评价往往两极化，有人很喜欢，有人非常不喜欢，他是一个比较有手段、有能力的人，但你要直接跟他打过交道，可能会觉得和这个人共事比较困难。”一位不愿意透露姓名的特斯拉前员工表示。

没有一个人能占尽人性的所有优点而没有缺点。

在一些员工看来，马斯克是不好相处的老板，这衍生出优秀 CEO 群体是否缺乏同情心，是否都比较难相处这一话题。史蒂夫·乔布斯以他对顾客需求的深刻理解而著称，同时也因与同事不睦而闻名。这位苹果公司的创始人曾经在电梯里开除过员工，对业绩不佳的高管大声呵斥是家常便饭的事。李开复就明确表示过乔布斯是一个创新天才，但并不是一个理想的工作伙伴。

比尔·盖茨退居二线之前也经常大发脾气，他对身边的人很容易失去耐心。盖茨的“坏”性格可从小时候说起，盖茨的聪颖在很早的时候显露无疑，9 岁就从头至尾阅读了《世界图书》百科全书，四年级的老师估计他的智商在 160—180。一位老师说:“在讨厌这个词被发明出来之前，他就是个令人讨厌的人。”一个同班同学说，盖茨是一个“非常讨厌的人，他容易让人反感。我想我和很多人在走廊上碰到他时可能都会故意撞他，就是为了让他觉得稍微不好受……”

盖茨的继任者史蒂夫·鲍尔默更了不得，发脾气时有扔椅子的毛病。英特尔杰出 CEO 安迪·格鲁夫也非常严厉，曾使一位下属在一次业绩评估会上吓晕过去。

现今硅谷的偶像派人物贝佐斯也是同类角色。在凝聚共识和改善员工操守方面，这位亚马逊创始人所拥有的狂热内驱力和胆魄使过去的传统型领导相形见绌，他经常喜怒无常，不少亚马逊员工私下里叫他“疯子”。贝佐斯发火时,前额的青筋暴露，然后整个人失去控制，各种难听的话语一迸而出。一位高管道出了不少同事的心声："可以毫不夸张地说，每次开会后我都害怕自己会被解雇。"

一种简单的解释是：这些都是高科技行业，求新求变太快，商业竞争太过激烈，这些人又无不追赶着速度，可谓压力大脾气也大。

这样的解释不成立，商业史上坏脾气的优秀 CEO 比好脾气的不知道要多出多少倍。

福特是一位独裁者。尤其是 T 型车的成功使福特登上汽车王国的顶峰之后，他凭直觉行事，每隔一段时间就将高管降级，这之后至他去世，福特公司从没有所谓稳定的高管团队。福特完全操控下属，常因下属与其意见相左而大发雷霆，并因此赶走了大批得力的助手。

美国镀金时代的企业家摩根、洛克菲勒、古尔德、卡内基，数卡内基脾气最暴躁。卡内基身材矮小，差不多 1.62 米，但一点也不影响他的冷酷无情和表现出来的威慑力，他任意摆布自己的下属，并且毫不感到耻辱；下属如果犯了哪怕是最小的失误，也会遭到他喋喋不休的指责。

工作中独断专行并不能武断地与无能挂钩。很显然以上列举的火暴脾气 CEO 们都是最优秀的管理者，最了不起的企业家。

从管理层面及成长过程养成的性格层面剖析更加有说服

力。“发神经”式管理方式是一种震慑力，会激起员工的恐惧感。从员工角度而言，不害怕，意味着不在乎；不在乎，意味着没有全身心投入，显然公司的主人不喜欢这类成员，他们尤其要防止公司主力员工会这样。优秀 CEO 们缺乏同情心的表现，正是管理上的绝妙招数。

不能确定的是，这些 CEO 是因为有这类天性从而成就非凡商业，还是他们在实践历练中知道了这种“发神经”管理方式的效用而故意为之。从另一个角度能观察到，很少能见到温情脉脉的领导者牵引着巨型公司持续向前。

心理层面的解读也耐人寻味。加州大学伯克利分校的心理学家保罗·皮夫和其他 4 位研究人员设计了 7 个不同的实验，以检验财富对人际交往方式的影响。“高贵的社会地位是否真的意味着高贵的行为呢？”他们的答案是否定的：“同下层阶级的个体相比，上层阶级的个体表现更缺乏道德。”

身在高位的人遇到一点点时间延误或不愉快时，就会表现出焦躁和粗鲁。“我们可以推测，拥有更多的资源、独立于他人而存在，会促使人们将自我利益置于别人的福利之上，并视贪婪为积极有益的事物，这些又反过来造成了越来越多的不道德行为。”富裕群体的研究专家克里斯蒂娅·弗里兰在专著《巨富》中说道。

马斯克也属于难以共事一族，公司前员工私下里说，他专制独裁，态度生硬甚至到了唐突无礼的地步。马斯克和特斯拉联合创始人、前 CEO 马丁 · 艾伯哈德之间长期不和。艾伯哈德的辞职曾引发了很大的争议，而后，他以诽谤为由状告马斯克。艾伯哈德曾经开过一个博客，专门记录马斯克对员工的所谓劣行。最终，双方达成一致，不再公开贬损对方。尤尔韦松说:“马斯克和乔布斯一样，眼里容不得三四流货色，不过我想说，他比乔布斯要温和些，比盖茨也要优雅些。”

马斯克的特点泾渭分明，那些坚持留下来与马斯克共事的员工则很喜欢他，这与乔布斯很类似。在最近一次发射任务期间，SpaceX 的员工曾经彻夜工作，工厂里时刻有人坚守岗位，从不关门停歇。当 Model S 轿车终于下线时，特斯拉的员工们挥舞着美国国旗，流下了喜悦的泪水。

平时，马斯克会往来于洛杉矶工厂和弗里蒙特工厂。当他来到硅谷，他总是住在朋友家里而不是住酒店。SpaceX 和特斯拉的早期投资人、经常在家里接待马斯克的比尔 · 李说 :“我们在家里一起打打电子游戏，吃些东西。”

跋

明日战士

事实上，马斯克远没有钢铁侠那么潇洒。他极度忙碌，经常在夜里 3 点多躺下，第二天一早就要赶去开会，晚上又要飞去另一个城市参加活动，还要抽空陪 5 个儿子玩。在一次采访中，他特地澄清创建 SpaceX 的初衷，并不是某些人想当然地以为是自己的童年情结，也不是因为它投资回报率高，而是对人类的未来深有裨益。

马斯克是个目标极其明确的人。"他习惯从工程师的视角看世界。" 宾夕法尼亚大学本科时的室友 Adeo Ressi 评价说，只要马斯克看好的，他会一直努力，直到达到目标。对于那些反对他的人，他会不遗余力地反击，毫不掩饰自己的真实想法。

马斯克通过 SpaceX 公司正在用无可匹敌的低廉价格发射太空飞船，他的终极目标是载人，在太空和地球之间搭建廉价的捷运快线；通过特斯拉公司，他正在让高性能的电动车主流化，最终实现纯电动车对汽油驱动汽车的替代。马斯克的狂想不止，他最新提出的设想是"超级高铁"，并于 2013 年 8 月 12 日公布了他的初始设计方案。

在 2013 年 8 月召开的新闻发布会上，马斯克表示，自己早在 2011 年就开始思考“超级高铁”的概念了。然而，最终促使马斯克提出这一构想的是一项“混蛋”计划：美国加利福尼亚州的高铁项目。“当这一项目（加州高铁）获得核准时，我非常失望，打造全球每英里造价最高、最慢的高速列车，这怎么能是硅谷和喷气推进实验室的家乡干的事？”马斯克愤愤地说。

为了证明加州高铁有多么失败，马斯克拿出了他的“超级高铁”方案，狠狠地嘲笑了加州交通部门。美国官方文件显示，美国洛杉矶到旧金山的高铁工程将耗资近 700 亿美元。以每小时 164 英里的速度来算，从旧金山到洛杉矶需要 2.5 小时，车票将在 105 美元左右。而马斯克表示，建造洛杉矶到旧金山共 400 英里的“超级高铁”运输系统，耗资仅为 60 亿美元，运行时间仅 30 分钟，票价仅需 20 美元，孰高孰低，一看便知。

然而，马斯克表示，他并不打算就此申请专利，这将是一个开源式设计。他希望所有社会成员都能够贡献力量，一起努力实现这一想法。

为了证明“超级高铁”的可行性，马斯克和他的团队已经开始了小规模的物理性能测试，2013 年他们搭建起了一段长度为 3 英里的管道来进行测试。马斯克表示，目前自己更关心的是技术细节问题，他预计制造出第一个“胶囊”车舱，需要

4—5 年，要真正运输还要等 7—10 年。虽然忙于开发“超级高铁”这一创举，但马斯克表示，“我并不是十分关注自己是否可以从中获得经济收益”。

这样的表述是否与马斯克在 SpaceX、特斯拉公司起步阶段时的相关表述很类似？

按照马斯克的设想，乘客只需要乘坐一个普通汽车大小的运输舱，就能在真空管道中以类似飞机的速度高速行进到达目的地。该方案公布后引起轰动，导致“超级高铁”迅速蹿至谷歌热搜词首位。

有别于传统铁路，“超级高铁”系统其实是种新的交通方式，运输方式类似老式建筑内部用于传输文件的气压管道，但这回被运送的是人。该系统是将铝制的“胶囊”车厢置于一个密闭的钢制低压管道中，每 30 米会有一个桥塔作为支撑，车厢可以通过沿着管道内壁设计的空气轴承滑板，悬浮在运输管道内壁。通过内置的气压转换装置，将“胶囊”前方的空气阻力转化为后方的动力，然后像发射炮弹一样将其“发射”至目的地。由于是靠特殊的气垫而不是轮子行驶，因此大大减少了摩擦阻力，悬浮于空中的运输舱时速可达 1126 公里，但途中不会像飞机那样遭遇气流颠簸。

该系统将采用自供电设计，使用管道顶端的太阳能面板发电。马斯克表示，能量可以以压缩空气的形式存储起来，反过来通过驱动电扇来发电。与其他替代品相比，“超级高铁”将更安全、更迅速、更便宜、更便捷，并对恶劣天气具有“免疫力”，可持续性自行发电，对地震有抵抗力，也不影响公路上的车辆正常行驶。

加州大学洛杉矶分校物理学教授西蒙评论说，从技术角度来看“超级高铁”是可行的，“看上去几乎所有问题都可以用现有的技术加以解决，不需要什么全新的发明”。“如果我们想在交通系统方面做笔巨大的投资，那么，这次的收益将同样巨大。”马斯克说。

马斯克的设想是如此大胆，总把世界甩在身后，他是真正的明日战士。

这个星球不配我死

图书在版编目(CIP)数据

这个星球不配我死：埃隆·马斯克传 / 邱恒明著.
— 南京：江苏凤凰文艺出版社，2014（2020.9重印）
ISBN 978-7-5399-7523-8

Ⅰ.①这… Ⅱ.①邱… Ⅲ.①马斯克，E.—传记
Ⅳ.①K837.125.38

中国版本图书馆CIP数据核字（2014）第154826号

书　　名	这个星球不配我死：埃隆·马斯克传
著　　者	邱恒明
责任编辑	孙金荣
特约编辑	刘小旋
责任校对	孔智敏
出版统筹	孙小野
封面设计	水沐
出版发行	江苏凤凰文艺出版社
出版社地址	南京市中央路165号，邮编：210009
出版社网址	http://www.jswenyi.com
印　　刷	三河市嵩川印刷有限公司
开　　本	700毫米×1000毫米 1/16
印　　张	14
字　　数	127千字
版　　次	2014年8月第1版　　2020年9月第2次印刷
标准书号	ISBN 978-7-5399-7523-8
定　　价	45.00元

FONGHONG
凤凰联动出品